W0316062

14 Jahre Erscheinungen
Letzte Nachrichten aus Medjugorje

René Laurentin

14 Jahre Erscheinungen

Gebet, Bekehrungen, humanitäre Hilfe
Eine Bewegung, die stärker ist als der Krieg

Letzte Nachrichten aus Medjugorje

Parvis-Verlag
CH-1648 Hauteville/Schweiz

Französischer Originaltitel :
«14 années d'apparitions, Prière, Conversions, aide humanitaire:
Un mouvement plus fort que la guerre»

Deutsche Übersetzung: Anny Pauli

Für die französische Ausgabe:
© Office d'Editions, Impression, Librairie (O.E.I.L.)
– F.X. de Guibert, Paris, 1995

© Dezember 1995

PARVIS-VERLAG
CH -1648 HAUTEVILLE / SCHWEIZ

Alle Rechte, auch die des Teilabdruckes, vorbehalten

Gedruckt in der Schweiz
ISBN 3-907523-66-0

Abkürzungen

Dieses Buch trägt alle Informationen zusammen mit denen, die die Hauptberichterstatter liefern, die wir kennen. Um die Lektüre dieses Buches nicht zu erschweren, haben wir sie durch kleine Abkürzungen angegeben.

AB = Alberto Bonifacio, Zweimonatszeitschrift in Italien. Wir finden hier mit der Monatsbotschaft die Chronik ihrer Begleitfolgen und der hauptsächlichen Ereignisse.

DN = René Laurentin: Dernières Nouvelles de Medjugorje, 13 Bände. Sie erscheinen jährlich, um die Lage in Medjugorje festzustellen. Die folgende Ziffer gibt die Nummer der Serie an.

E = Sœur Emmanuel von der Communaute des Béatitudes, die am Ort wohnt; dieses Blatt erscheint ebenfalls zweimonatlich und wird per Fax empfangen.

Et = L'Etoile, B. P. 434, 53104 Mayenne Cedex

EM = Enfants de Medjugorje: die monatliche Informationsschrift, herausgegeben von Sœur Emmanuel.

GA = Gebetsaktion Medjugorje, Postfach, A-1153 Wien, Österreich

MG= Medjugorje Genova

MM=Medjugorje Magnificat, herausgegeben von C. Clause, F-01480 Frans, Frankreich

NM= Nouvelles de Medjugorje, Monatsschrift, herausgegeben von Jacques und Ute Clostermans, Rue de la Motte B-1390 Archennes (Belgien)

NS = Notre-Dame de Medjugorje, F-74700 Sallanches

O = Oasis, ein neues Blatt, 25 Route du Cordon, F-74700 Sallanches

St = Stella Maris, CH-1648, Hauteville (Schweiz)

T = Medjugorje Torino, Zeitschrift der Gebetsgruppe Königin des Friedens, 1993 Nr. 51-54 und 10, 1994.

Ich danke allen, die mir Informationen, Dokumente und Fotos zukommen ließen, besonders A. Bonifacio, Sœur Emmanuel und P. Iacopini.

Die Seher von Medjugorje

Wir wollen sie mit ihren Vornamen bezeichnen, wie es allgemein üblich ist:

Ivan Dragicevic, geboren am 25. Mai 1965, Heirat am 23. Oktober 1994 mit Laureen Murphy aus Boston. Sie erwarten im September 1995 ein Kind.

Ivanka Ivankovic, geboren am 21. Juni 1966, Heirat am 29. Dezember 1986 mit Raiko Elez; 3 Kinder: Kristina, Josip und Ivan (geboren am 11. Februar 1994).

Jakov Colo, geboren am 6. März 1971, Heirat am 11. April 1993 mit Anna-Lisa Barozzi; eine Tochter, Ariana-Maria, geboren im Januar 1995 in Italien.

Marija Pavlovic geboren am 1. April 1965, Heirat mit Paolo Lunetti am 1. April 1993; ein Sohn, Michaele, geboren am 14. Juli 1994.

Mirjana Dragicevic, geboren am 18. März 1965, Heirat mit Marko Soldo am 16. September 1989; 2 Kinder: Marija, geboren am 8. Dezember 1990 und Veronika, geboren am 19. April 1994.

Alle sechs sind in Biakovici geboren, genau wie Milka Pavlovic, Schwester von Marija, Seherin eines Tages, dem 24. Juni 1981; Heirat am 17. Juli 1994, wird bald ihre erste Tochter bekommen.

Die beiden Seher der zweiten Generation:

Jelena Vasilj, geboren am 14. Mai 1972, zweite Tochter von Grgo und Stefica; studiert in USA (Universität von Steubenville).

Marijana Vasilj (gleicher Name, aber andere Familie), geboren am 5. Oktober 1971, verlobt mit Dinko Juricic, eingezogen in die kroatische Armee Anfang 1994.

Einleitung

Das Klima dieses vierzehnten Jahres der Erscheinungen in Medjugorje, das sich am 24. Juni 1995 vollendet, erscheint weniger dramatisch und stiller als das der vorhergehenden Jahre, aber das Böse nistet sich ein. Ein Waffenstillstandsvertrag (der niemals wirklich respektiert wurde) ging am 1. Mai 1995 zu Ende und konnte nicht erneuert werden. Das ist das Signal für eine neue Entfesselung des Bürgerkriegs und der Tötungen unter der unbezwingbaren serbischen Vorherschaft.

In Banja-Luka (Anfang Mai) zerstören die Serben den franziskanischen Konvent durch Repressalien. Die Ordensangehörigen entkommen knapp dem Tod, indem sie sich zum Bischof flüchten, der selbst bedroht ist. In diesen Tagen werden dort ein Priester und eine Ordensfrau getötet.

Die Ungerechtigkeit wird gefördert

Die UNO fördert schließlich die ungerechtfertigten Eroberungen der Serben. Sie machen 31% der Bevölkerung aus, aber besetzen 70% von Bosnien-Herzegowina und weigern sich, auf 49% zurückzugehen, wie es die UNO dem Recht des Stärkeren zugestand. Es ist eine gewaltsame Situation. Jede der drei kriegführenden Parteien, Serben, Kroaten und Mohammedaner sieht nur einen Ausgang des Krieges: totale Bewaffnung, Krieg bis zum Äußersten, da die UNO schließlich nur die Rechte des Siegers anerkennt. Das bringt die Mohammedaner, die eine friedliche Gesinnung haben, immer mehr unter die Führung der Mudjahidin, fanatischer Krieger, ehemaliger Kämpfer in Afghanistan und anderswo, die zum heiligen Krieg blasen und zur «ethnischen Säuberung», vielleicht auch zur religiösen, wo sie in der Mehrheit sind.

Kroaten und Mohammedaner, die zeitweise vereinigt waren gegen die Serben, dann wieder im bewaffneten Konflikt untereinander, sind sich näher gekommen. Die Kämpfe haben bei Mostar aufgehört, das in Ruinen liegt, Bischofssitz und Franziskanerkonvent miteingeschlossen. Wenn das anhält?

Prüfungen

Die Katholiken von Bosnien-Herzegowina haben schrecklich gelitten. In der Erzdiözese von Sarajevo gab es 520 000 Katholiken in 144 Pfarreien. Mehr als 300 000 sind vertrieben, getötet oder zerstreut.

Die (offizielle) humanitäre Hilfe kommt entweder nicht durch, oder nur sehr sporadisch, bis zu denen, die in Gefahr sind. Die Bewohner der besetzten Städte sind dem Winter ausgesetzt, ohne Nahrung, Medikamente und Heizmaterial. (Aufruf der Kardinäle F. Kuharic, Erzbischof von Zagreb, und V. Puljic, Erzbischof von Sarajevo, am 6. Dezember 1994.)

Die Serben, die den Zugang zu Sarajevo kontrollieren, schöpfen bei der Durchfahrt von der gutgemeinten Hilfe das Beste ab. Wenn Franzosen die Linien mit ihren Konvois überqueren dürfen, so um den Preis von 35% ihrer Last, oft das Beste: Milch, Butter und Zucker gehen weg, es bleiben nur die Kleider (Bonifacio, 13. Dezember 1994, S. 2).

Hoffnung

In der wachsenden Verwirrung des ungeordneten Landes, das wenig produziert und Krieg führt, ist Medjugorje der starke Pol der Hoffnung und des Gebetes, der Moral und des Mutes, aber auch der Aufnahme von Flüchtlingen. Pater Orec, Pfarrer von Medjugorje bis 1993, hat sich der humanitären Hilfe in diesem Land in höchster Not zugewandt. Er fährt zwischen Split und Sarajevo hin und her, nicht ohne Gefahren. Medjugorje gibt dem Wort Caritas, auf griechisch Agape, seinen vollen Sinn: die gebende Liebe, die von Gott kommt. Die Wirksamkeit ist von Grund auf geistig eingegeben.

Materielle Hilfe...

Die Pilger von Medjugorje, oft Bekehrte, haben sich mit Ausdauer mobilisiert: viele ihre ganze Zeit lang. Ihre Gaben fließen ein, um es wieder in Gang zu bringen und das Schlimmste wiedergutzumachen. Ihre Hilfe ist der internationalen Hilfe weit überlegen, deren Mängel die beiden Kardinäle von Bosnien und Kroatien beklagen. Sie setzt sich fort im Dialog und in der Freundschaft, wie man weiter unten sehen wird. Sie geht unter Gefahren überallhin. Drei gutgläubige Helfer sind letztes Jahr gestorben: *Dernières Nouvelles,* Nr. 13 war ihnen gewidmet. Man hat darin ihre Geschichte und ihr Foto gesehen.

... ökumenisch

Das ist eine sehr offene Hilfe. Obwohl sie katholisch ist, geht sie auch den Mohammedanern zu. Seit dem Ende ihres Krieges mit den Kroaten in Mostar, hat Bonifacio mit ihnen Kontakt aufgenommen und läßt ihnen regelmäßig Lastwagen zukommen.

... und betend

Die Hilfe ist beten. Fabio Moreno und seine Gefährten, die die wervollsten Mitarbeiter Bonifacios waren, bis zu den Kugeln, die sie töteten, beteten den Rosenkranz während ihrer langen Fahrt von Italien in die Herzegowina, 1000 oder 2000 Kilometer jedes Mal. Und deshalb hatten sie ihre Autos durch das Radio zusammengeschlossen. In Medjugorje ist das Leben ruhig, aber ernst, arbeitsam und schwierig.

Der große geistige Antrieb auf der Sprosse zur Welt, der aus Medjugorje hervorgeht, wird hörbar, diskret ermutigt vom

Papst, ein bißchen gebremst von anderswoher. Tausende von Gebetsgruppen bilden sich bis nach Lateinamerika und Australien. Der große Strom der Pilgerfahrten wurde in wachsender Zahl wieder aufgenommen. In einem Jahr ist er von 20 auf 50% der Häufigkeit gegenüber vor dem Krieg gestiegen.

Er kommt aus fünf Kontinenten. Medjugorje, ein Ort des Friedens, wurde für viele offizielle Verhandlungen ausgewählt: militärische und diplomatische. Nur die neue Bischofskonferenz von Bosnien-Herzegowina bevorzugt Mostar.

Die Seher in ihrer Familie

Die Seher, die 1981 Jugendliche waren, haben alle eine Familie gegründet, außer Vicka, die sich hundertprozentig dem Dienst des Herrn und Unserer Lieben Frau hingegeben hat. Die anderen haben alle ein bis drei Kinder, Ivan, der sich als Letzter verheiratet hat, erwartet das erste nächsten September.

Ein Priester fragte Mirjana:

— Ist das ein Zeichen, daß die Jungfrau die Familien und die Laien bevorzugt?

— Nein, hat Mirjana geantwortet. Die Priester und Ordensleute ergänzen uns. Wir brauchen einander. Die Jungfrau, der sie ihre Probleme anvertrauten, wollte nicht ihre Lebenswahl bestimmen. Sie hat sie eingeladen, es selbst zu tun im Gebet.

— Ich werfe mich der Freiheit zu Füßen, die Gott euch gegeben hat, hat sie zu Marija gesagt. Ihre Situation als Star, unablässig ruhelos, ist eine dauernde Gefahr, und die unablässigen Besuche stören ihr Familienleben.

Nach einer Zeit der Zerstreuung scheinen sie sich wieder in Medjugorje zu sammeln. Fünf wohnen hier regelmäßig und Marija, deren Ehemann ein Reinigungsunternehmen in Italien leitet, hat ein großes Haus in Medjugorje, wohin sie oft zurückkehrt, am Wochenende und zu den Festzeiten.

Die Pfarrei nimmt Waisen, Flüchtlinge, Verstümmelte hier auf, die zu Tausenden hier ankommen.

Viele bleiben da und warten darauf, daß man für sie eine Bleibe findet. Die Priester stellen die religiöse Unterweisung von 700 Kindern sicher, Flüchtlinge miteingeschlossen.

Wenn Medjugorje bleibt und trotz allem Frucht bringt (nach den Kommunisten, dem Krieg, der kirchlichen Opposition), dann deshalb, weil diese warme Quelle gespeist wird von der sprudelnden Quelle, von der Christus spricht (Joh 4, 14 und 7, 38). Die langen Erscheinungen, die naiven und wiederholten Botschaften, die langen Zeremonien in unverständlichem Kroatisch stehend auszuhalten, haben den Schwung nicht abgenützt, sondern eingewurzelt und immer neu angefacht. Die evangelische Botschaft der Jungfrau hat den radikaleren Haß überwunden, den die Jahrhunderte der Feindseligkeit und der Schrecken des Krieges aufkommen ließen in diesem Land voller Teilungen und Gewalt. In der Stadt, die die Jungfrau erwählt hat, nimmt alles weiter seinen Gang, mit den Beinen auf der Erde, dem Kopf und das Herz aber im Himmel. Alles entwickelt sich. Man liebt die Feinde, ohne die Christen zu vergessen, die Medjugorje einmütig diffamieren.

Ein größeres Ereignis

Was wir näher ausführen werden ist dieses: der Alltag in seiner ständigen Entwicklung, in ständiger Fruchtbarkeit. Die Arbeit ist hart. Die Gegnerschaften sind rauh, selbst in der Kirche. Aber Gott scheint ein Zeichen zu geben. Mostar, wo die Autorität die Erscheinungen bekämpft, wurde zerstört. Aber Split, die Stadt des Erzbischofs Franic, dem Hauptunterstützer von Medjugorje, hat keinen Schaden erlitten, trotz der strategischen Situation, die dem Schlimmsten ausgesetzt ist, so konnte man beobachten (DN 13, S. 45-46).

Der Gebetsansturm, die Bekehrungen, die unzähligen realistischen Initiativen, kurz, die «guten Früchte» nach dem Kriterium Christi, lassen Medjugorje zu einem großen Ereignis in der Kirche und in unserer Welt werden, trotz dem Black-Out der Presse. Die Artikel, die ich zu Schlüsselmomenten vorgelegt habe, selbst mit der Zustimmung und Unterstützung der Leitung dieses Journals, kommen in den Verließen mit einer Regelmäßigkeit an, die wirklich kein Zufall sein kann.

1. Der dreizehnte Jahrestag

(24.-25. Juni 1994)

Es war eine zahlreiche Menschenmenge da, um den 13. Jahrestag in Medjugorje zu feiern. Die Pilger vertraten die Fünf Erdteile; die aus Australien kamen, waren begleitet von Monsignore H. J. Kennedy, Bischof von Armidale.

Vorbereitung

Alles war vorbereitet, um die internationale Flutwelle zu empfangen: nicht nur Nahrung, Unterkunft und das Übrige, sondern vor allem das Geistliehe. In den vorhergehenden Tagen hatte die Pfarrei, die ihre Last wie ein internationaler Wallfahrtsort trägt, eine Vereinigung der Gebetszentren und der humanitären Hilfe gemacht, die so zahlreich ist in der ganzen Welt. Pater Pervan, Provinzial der Franziskaner, wies dabei auf die evangelischen Grundlagen dieser Gnadenbewegung hin. Pater Slavko unterstrich die Rolle der Laien, die vorrangig ist in der weltweiten Bewegung von Medjugorje. Pater Landeka, Pfarrer, erinnerte an die Wichtigkeit der Verbindung mit der Pfarrei in Harmonie und Unterordnung, um jegliche Unordnung, Abweichung, Unklugkeit, Exzeß oder Teilung zu vermeiden. Medjugorje fährt fort im Unmöglichen, mit dem Schwung einer inneren Notwendigkeit, ohne zu vergessen, die äußere Ordnung beizubehalten.

Johannes Paul II. bei den Kroaten (10.-11. Sept. 1994)

Papst Johannes Paul II., besorgt wegen des Unglücks und der Gewalt in dieser Welt, hat sich brennend gewünscht, nach Bosnien-Herzegowina zu kommen, wie die weiße Taube der Arche, um hierhin den Olivenzweig zu bringen. Belgrad wollte seinen Besuch durchaus nicht, auch nicht Sarajevo, ein Mittelpunkt, an dem alle im Blickpunkt stehenden Persönlichkeiten zusammenkommen. Bis zum letzten Augenblick blieb sein Kommen, das für den 8. September vorgesehen war, in der Schwebe, denn er war schließlich überzeugt, daß ein solcher Auflauf zuviel Gefahr heraufbeschwören würde, nicht nur für den Papst, sondern auch für die Menge, und man solle den Himmel nicht versuchen, und vor allem nicht die Serben aus Bosnien.

Schwer gequält, hat der Papst daran festgehalten, in Castelgandolfo an diesem Tag eine Messe für den Frieden zu feiern. Seine Homilie, die auf Kroatisch gehalten war, wurde durch das nationale Fernsehen in dieser Sprache ausgestrahlt. Der Hl. Vater schloß mit der Anrufung zu Ehren Medjugorjes: Maria, Königin des Friedens, bitte für uns.

Er hat also nicht Sarajevo besucht, sondern ist nach Zagreb gegangen, der Hauptstadt Kroatiens, deren Unabhängigkeit er anerkannt hat, trotz des direkten Kriegs der Serben gegen diese Befreiung. Man hat der Kirche oft vorgeworfen, öfters auf der Seite der Unterdrücker als auf der Seite der Befreier zu sein (besonders anläßlich der heftigen Explosionen, die die französische Revolution und die kommunistische Revolution darstellten). Diese Eile des Papstes, die Republik Kroatien anzuerkennen, entgegen der Langsamkeit der traditionellen Vatikandiplomatie, hat die Routine zugunsten der Bedrückten aufgerüttelt.

Die Kroaten aus Bosnien (die im Süden, wo sich Medjugorje befindet, in der Mehrheit sind) waren zahlreich nach Zagreb gekommen. Eine bedeutende Delegation aus Medjugorje war anwesend, gemeinsam mit Schwester Emmanuel und der Seherin Marija. Sie hatten ein Band geschneidert: Medjugorje. «Es hat uns den guten Segen des Papstes aus nächster Nähe eingebracht», schreibt Schwester Emmanuel.

Johannes Paul II. hat selbst eine Erscheinung der Jungfrau in der Kathedrale von Zagreb gekostet, fährt sie fort. Wirklich war es für Marija, die verborgen dort war, die Stunde der Erscheinung. Dieser Zufall scheint einer Absicht der Jungfrau zu entsprechen, die «den liebsten ihrer Söhne» segnet. Medjugorje war also bei der Begegnung mit dem Papst, aber der Papst konnte nicht beim Treffen auf der gesegneten Erde von Medjugorje sein, wohin er sich persönlich gerne begäbe. Diesen Wunsch hat er am 5. April (siehe unten S. 55 und 197) sehr genau ausgesprochen.

24. Juni

Am 24. Juni (Jahrestag des ersten Zeichens, das die Jungfrau vom Hügel herab gemacht hat), versammelte der 3. Friedensmarsch 4000 Pilger auf den 15 km, die Humac (den Franziskanerkonvent) von Medjugorje trennen. Vicka marschierte an der Spitze, ebenso Monsignore Franic. Das Allerheiligste war im Mittelpunkt der Prozession getragen von Priestern unter einem Baldachin. Slavko führte das Gebet an mit Milona von Habsburg, aus der kaiserlichen Familie von Österreich, die die demütige, wohlwollende und vielsprachige Sekretärin von Slavko (weiter unten S. 140) geworden ist.

Der Zug marschierte mittags ab und kam am Vorplatz von Medjugorje um 15.30 an, unter unablässigem Gebet.

25. Juni

Am 25. Juni, dem Jahrestag der ersten Erscheinung auf dem Hügel, hatte Ivanka allein ihre 9. jährliche Erscheinung, dieses Jahr in der Intimität mit ihrem Mann und ihren 3 Kindern. Sie dauerte 8 Minuten.

Im Gegensatz zur tragischen Erscheinung des vorhergehenden Jahres, bei der die Jungfrau weinte und das Schlimmste anzukündigen schien, erschien sie zufrieden und glücklich. Sie dankte für die Gegenwart der Menge, die gekommen war, um den Jahrestag zu feiern. Sie sagte zu Ivanka:

> *— Liebes Kind. Mein Herz ist mit Liebe erfüllt. Viele harte Herzen haben sich geöffnet und mein Sohn Jesus wird sie auf den Wegen der Gerechtigkeit führen. Betet und fastet weiter. Danke, daß ihr meinem Ruf gefolgt seid.*

«Sie hat wieder von den Geheimnissen gesprochen», fügt Ivanka hinzu, ohne Näheres auszuführen.

Die Messe vom 25. Juni wurde geleitet von Pater Jozo Zovko und er predigte auch. Seine Homilie bekannte besonders:

Der Friede wird nur in der Welt herrschen können, wenn die Welt den göttlichen Frieden annimmt, in ihrem Herzen und in ihrem Leben. Nicht Washington, nicht die UNO und nicht Europa können diesen Frieden geben. Gott allein kann ihn geben.

140 Priester konzelebrierten: eine Rekordzahl. Viele andere hörten Beichte. Die Menge wurde auf 60 000 Pilger geschätzt. Monsignore Henry Kennedy gab den Schlußsegen.

2. Nachrichten von den Sehern

Die Seher werden immer mehr seßhaft in Medjugorje, außer Marija, deren Ehemann ein Unternehmen in Italien hat, aber sie kommen oft an den Wochenenden oder in den Ferien in das schöne Haus, das ihnen ein amerikanischer Arzt zur Verfügung gestellt hat. Jakov und Ivan sind oft im Land ihrer Gemahlinnen (Italien und USA), aber meistens sind sie da. Was die Seher der 2. Generation anbelangt, die «mit dem Herzen sehen», so ist Folgendes:

— Jelena, die ihre Studien in den USA beendet (siehe unten S. 160), rechnet damit, dieses Jahr in ihr Heimatland zurückzukehren.

— Marijana ist verheiratet in Citluk (3 km von Medjugorje entfernt).

Die Seher sind sehr gefragt im Ausland. Ivan und Vicka stehen am meisten zur Verfügung. Jakov und Ivanka wohnen dort. Unsere Chronologie (S. 195) konnte nicht alle Daten über ihre Reisen aufnehmen, sondern nur die Wichtigsten, manche sind auch privat und sie reisen nicht als Zeugen, wie das bei Jakov der Fall ist bei seinen italienischen Gastgebern und der Familie seiner Gemahlin.

Alle sind in Biakovici geboren und haben dort ihre Häuser, außer Ivanka, die ein großes, erlesenes Haus am anderen Ende von Medjugorje bewohnt. Besuchen wir sie der Reihe nach ganz einfach nach alphabetischer Ordnung.

Ivan

Ivan, der von Amerika auf höchster Ebene adoptiert wurde, hat sich dort in aller Stille seit mehreren Jahren mit Laureen Murphy aus Boston verlobt.

Diese Verlobung hat überrascht, denn Ivan, rückhaltlos großherzig, hat sich als Erster in einer religiösen Berufung engagiert. Aber zwei Seminare haben ihn allmählich wieder an seinen heimischen Herd zurückgeschickt, wegen schulischer Unfähigkeit, durch weiß Gott was für einen Mangel in seiner Form der Intelligenz, die auf praktischem, intuitivem, gesprächsmäßigem und taktmäßigem Gebiet und nach der Weisheit bemerkenswert ist. Und dieser Bauer, der von der Intelligenzija von zwei Gymnasien zurückgestoßen wurde, hat einen Star geheiratet: zweimal Miss Massachusetts (Sie haben richtig verstanden: weiblicher Schönheitspreis ihres Staates), Liebling des amerikanischen Fernsehens. Wer hätte solch eine unerwartete Verbindung wohl vorhersagen können?

Laureen wallfahrtete 1989 nach Medjugorje. Und da geschah in ihr wie in vielen eine tiefe Bekehrung. Das brachte ihr Ivan näher, dessen einfaches geistliches Wort in den USA gerne gehört wird, auch von wichtigen Gruppen wie Kongressmännern (vor allem Senatoren). Laureen, die vom Fernsehen sehr gefragt ist, hat das genutzt, um mit großem Erfolg bei den jungen Leuten von Medjugorje zu sprechen. Erst am Ende einer langen Überlegung und einer ernsthaften Verlobungszeit, zu der sie sich vor mehreren Jahren entschlossen, hat sie sich mit Ivan entschieden, sein Leben des Zeugnisgebens zu teilen und mit ihm eine Familie zu gründen.

Ivan hat seine Verlobung offiziell am 17. April 1994 angekündigt, bevor er nach Deutschland abgefahren ist.

Man fragte ihn: — Aber nach der Hochzeit wirst du zum Zeugnisgeben weniger Zeit haben.

— Nein, hat er geantwortet. Ich will mein ganzes Leben im Dienst des Herrn bleiben. Von denen, die viel empfangen haben, wird auch viel verlangt.

Die Ehe wurde am 23. Oktober in den USA geschlossen. Keiner der Seher konnte dabei anwesend sein. Vicka hatte es eingeplant, aber sie wurde durch Krankheit verhindert.

Pater Slavko zelebrierte die Zeremonie nach dem kroatischen Ritus von Medjugorje, in dessen Mittelpunkt den beiden Eheleuten das Kreuz übergeben wird. Nach der Kommunion haben die Frischvermählten die völlige Anheimgabe ihres Hauses an die Heiligste Jungfrau gelobt. Nach der Messe hat sich Ivan in eine Kapelle zurückgezogen. Er hatte dort seine tägliche Erscheinung mit Segnung seines Hausstandes.

Alberto Bonifacio, der unvergleichliche italienische Organisator der Hilfeleistungen an Bosnien-Herzegowina, war Zeuge. Er war zur Hochzeit gekommen vor der großen Rundreise in den Medjugorje-Zentren ganz Lateinamerikas.

Ivan und Laureen machten ihre Hochzeitsreise nach Florida. Die Rückkehr nach Medjugorje war für Mitte November vorgesehen. Aber sie blieben einige Zeit im Haus der Elternfamilie Murphy und sind erst am 7. Dezember in das große Haus von Ivan zurückgekehrt, das seine Freunde in aller Eile fertigstellten.

Dieses Haus wird ihr Lebensunterhalt sein. Sie unterhalten dort eine Familienpension wie die von Ivanka, Mirjana und der Familie von Vicka. Das erlaubt ihnen zu leben, und gleichzeitig Zeugnis abzugeben.

Ivan sagte immer, daß die Jungfrau für ihn einen Plan hätte, den er kenne, aber das Übrige hielt er streng geheim. War der Plan diese Hochzeit? War sie ein Teil davon? Zweifellos. Jedenfalls endete eine lange Wartezeit glücklich und ein wenig paradox.

Manche möchten sagen, daß die Amerikaner sich weniger gut an Europa anpassen als die Europäer an Amerika. Aber

Laureen kann diese Feststellung Lügen strafen, wenn ihre Bekehrung und ihre Wahl die Tiefe besitzen, die viele Zeichen anzeigen.

Ivanka

Ivanka setzt ihr arbeitsreiches Leben als Mutter von drei Kindern fort. Das dritte, Ivan, geboren am 11. Februar 1994, läuft schon. Die Familie lebt von der Aufnahme von Pilgern in ihrem großen, erlesenen Haus.

Ivanka bemüht sich stark, eine Dorfbewohnerin wie die anderen zu sein, ohne Unterschied selbst im Äußeren ihrer Frömmigkeit. Sie vernachlässigt sogar ihre große mädchenhafte Schönheit und wird gerne eine dralle Matrone. Das ist der Antistar in jeder Hinsicht. Sie flieht die Interviews und hat keinen Mut dazu. Wir werden eines von ihr veröffentlichen, das man ihr durch die Freundschaft von Pater Svetozar Kraljevic abgerungen hat. (Weiter unten, Anhang Kap 9, 1.)

Jakov

Jakov und Anna-Lisa bekamen ihr erstes Kind: Ariana-Maria, die Slavko am 11. Februar in Italien getauft hat.

Ich besuchte ihn am 29. April 1993. Ich fand ihn sehr ruhig, gefestigt durch seine Ehe, stolz auf seine kleine Tochter. Hier sind einige Antworten, die er auf die Fragen der französischen Wallfahrer gab:

Frage: Was hältst du von der Scheidung?

Jakov: Wenn man heiratet, ist es für immer. Was Gott verbunden hat, soll der Mensch nicht trennen.

Fr.: Wie hast du eine Familie gründen können trotz der Geheimnisse, die eine schwere Zukunft ankündigen, über die manche Seher sogar geweint haben sollen?

J.: Wenn man in der Hand der Gospa bleibt, hat man vor nichts Angst.

Fr.: Was ist das Gebet?

J.: Das ist ein Gespräch mit Gott.

Fr.: Wie soll man das Gebet in der Familie machen?

J.: Jede Familie muß sich arrangieren, Zeit dafür finden, danach sein Leben einrichten.

Fr.: Aber wie ist es bei dir?

J.: Jeden Abend bete ich mit Anna-Lisa vor der Erscheinung und auch vor dem Einschlafen.

Fr.: Und die Liebe zu den Feinden, wie kann man sie im Krieg leben?

J.: Ich verachte niemanden und ich bete für die Feinde, wie es die Jungfrau verlangt.

Fr.: Hast du immer die Erscheinung?

J.: Ja, jeden Tag.

Fr.: Wann?

J.: 6.45 Uhr

Fr.: Wirft dir die Jungfrau vor, du hast nicht genug gebetet, verziehen usw.?

J.: Am Anfang tat sie es oft, jetzt weniger. Aber auch wir Seher müssen regelmäßig beichten.

Fr.: Ist nach 14 Jahren die Erscheinung nicht etwas alltägliches für dich geworden?

J.: Nein, man gewöhnt sich nicht daran. Jedes Mal ist es neu, unbeschreiblich.

Marija

Marija, die immer eine mütterliche Seele hatte, ist überglücklich durch die Geburt ihres kleinen Michaele am 14. Juli. Er ist in Italien geboren. Er wurde durch Slavko in Medjugorje getauft, am Sonntag, den 29. September.

Wenn sie in der Herzegowina ist, legt sie zu ihrer Zeit Zeugnis ab, mit Klarheit und Tiefe, ganz spontan.

Aber sie geht nicht mehr in die Pfarrei zur Erscheinung, der die Messe folgt; sie bleibt zu Hause, um besser auf ihr Baby aufpassen zu können. Sie gibt sich jeden Tag ganz Maria nach der Weihe des heiligen Maximilian Kolbe:

Nehme gnädig mein Lob an, o benedeite Jungfrau, Unbefleckte Empfängnis, Königin des Himmels und der Erde, Zuflucht der Sünder und liebenswürdige Mutter, der Gott jegliche Ausgießung der Barmherzigkeit anvertraut hat. Ich liege zu deinen Füßen, ich armer Sünder. Ich bitte dich, nehme mein ganzes Sein dir zu eigen an, tue mit mir nach deinem Willen mit meiner Seele und meinem Leib, in meinem Leben, in meinem Sterben und in meiner Ewigkeit. Verfüge vor allem über mich, wie du es wünscht, damit wahr werde, was über dich gesagt ist: «Die Frau wird der Schlange den Kopf zertreten.» Und ebenso: «Du allein besiegst die Irrlehren in der ganzen Welt.»
Damit ich in deinen reinen Händen, die so reich an Erbarmen sind, ein Werkzeug deiner Liebe werde und fähig, so vielen lauen und verirrten Seelen Kraft zu geben und sie zu erleuchten. So wird sich das Reich des göttlichen Herzens Jesu grenzenlos ausbreiten.
Wahrhaftig, deine Gegenwart allein zieht die Gnaden an, die die Seelen bekehren und heiligen, denn die Gnade fließt aus dem göttlichen Herzen Jesu über uns alle, und sie geht durch deine mütterlichen Hände. Amen.

Ihre Prüfungen und Kämpfe nahmen lange Zeit den vorrangigen Platz in den fünf vorhergehenden Bänden von *Dernières Nouvelles* ein. Sie ist in den Alltag ihres Familienlebens zurückgekehrt mit viel Freude und geistlichem Ernst.

Mirjana

Mirjana, die von der Aufnahme von Pilgern lebt, hat im April 1994 Veronika zur Welt gebracht, die sehr verschieden ist von ihrer älteren Schwester Marija: 3 Jahre, sehr energisch und aufgeweckt, schon fähig zum Gebet. Ihre Mama erzählt lächelnd dieses Gespräch, bei dem sie Marija mit einer kleinen Freundin überrascht hat:

— Mein Vater hat sich ein schönes Auto gekauft, sagt die Freundin.

— Meine Mama sieht die heilige Jungfrau, antwortet Marija.

Mirjana wünscht sich noch viele Kinder. Sie ist beschäftigt durch alles, was die Jungfrau ihr über ihre Beziehung zu ihrem Sohn sagte, von der Schwangerschaft bis zur Erziehung in Nazareth.

Ihre Berufung ist es, für die Ungläubigen zu beten. Sie leidet an ihrem Unglück, daß sie nichts davon wissen, was sie mit Klarheit sieht. «Die Jungfrau sagt nie: die Ungläubigen, führt sie genauer aus. Jedes Mal, wenn wir für die Ungläubigen beten, ist es, als ob wir die Tränen vom Gesicht der Jungfrau trocknen würden.»

Und wirklich geschieht es, daß sie mit Maria während der Erscheinungen weint.

Sie verlangt, daß man für sie betet. Im Juni 1994 hat sie zu einer Gruppe französischer Pilger aus Pierre Sorin gesagt:

> *Wenn wir für die Ungläubigen beten, beten wir auch für uns. Wenn wir für sie beten, trocknen wir die Tränen vom Gesicht der Jungfrau. Für Maria gibt es keinen Unterschied zwischen den Glaubenden und den Ungläubigen, wir sind alle ihre Kinder. Unsere Liebe Frau leidet wegen derer, die nicht glauben wie eine Mutter, deren Kind nicht auf dem rechten Weg geht.*

Ein Pilger hat sie gefragt:

— Aber was nützt das ganze Gebet für die Ungläubigen und was ändert es schließlich?

Ihr Gesicht erhellte ein fröhliches Lächeln. Sie antwortete «heftig», so sagte Sœur Emmanuel.

— Oh ja! Unser Gebet hat schon Früchte getragen. Wir sind für die Ungläubigen schon einen großen Schritt weiter gekommen. (E 1. Oktober 1994.)

Die Erscheinung vom 18. März

Mirjana hatte ihre 13. Geburtstagserscheinung am Tage, als sie 30 Jahre alt wurde, dem 18. März 1995.

Maria kam um 15.15 Uhr, sie ist 10 Minuten bei Mirjana geblieben.

Ich hatte die Gnade, ganz nahe bei ihr zu sein, als die Jungfrau kam, erzählt Sœur Emmanuel. Ihr Gesicht (obwohl ernst), strahlte eine solche Liebe und Aufmerksamkeit aus, daß man unmöglich nicht glauben konnte, daß ein himmlisches Wesen mit ihr spricht. Tränen der Rührung liefen über ihre Wangen. Wir hörten sie drei Vaterunser und drei Ehre sei dem Vater mit der Jungfrau sprechen.
Einen für die, die die Liebe zu Gott nicht kennen.
Das zweite für die Seelen im Fegefeuer.
Und das dritte für die anwesenden Personen.
Als sie ging, konnte sich Mirjana nur mit Mühe fassen.

Sie bekannte Pater Slavko:

Ich habe drei Fragen gestellt und die Antworten erhalten. Die Gospa war nicht ganz glücklich, wie sie es manchmal war. Sie hat von den Geheimnissen gesprochen, aber ich kann darüber nichts sagen.
Ich habe geweint, weil es für mich sehr schwer ist, wenn sie geht. Wenn ich bei ihr bin, ist es wie eine große Fülle; wenn sie geht, fühle ich mich hier auf Erden wie verlassen. Ich weiß, daß ich nicht verlassen bin, aber sie ist fort. Wenn sie geht, ist es so schwer, daß ich nicht wüßte, was ich täte, wenn das öfters passierte. Ich habe diese Botschaft wie eine Botschaft der Liebe und des Trostes aufgenommen. Wir haben nichts zu fürchten, wenn wir die Liebe haben.

Weiters befragt, sagte Mirjana noch genauer:

Die Gospa hat nichts Schweres angekündigt, aber sie sieht, daß viele Leute in der Angst vor der Zukunft leben. Sie kommen hierher und fragen ängstlich, ob die Gospa von dem gesprochen hat, was in der Welt geschehen wird. Das ist keine gute Haltung. Wir sollen uns nicht so viele Fragen über die Zukunft stellen, sondern die Liebe jetzt leben. Die Liebe ist das einzig Wichtige.

Nach der Erscheinung ließ sie folgende Botschaft niederschreiben:

> *Liebes Kind, als Mutter lehre ich euch schon seit Jahren den Glauben und die Liebe Gottes. Ihr wart dem geliebten Vater nicht dankbar und habt ihm keine Ehre erwiesen. Ihr seid leer geworden und euer Herz ist hart und lieblos geworden gegenüber den Leiden eures Nächsten. Ich lehre euch die Liebe und zeige euch, wie sehr der vielgeliebte Vater euch liebt, aber ihr habt ihn nicht geliebt. Er hat seinen Sohn für euer Heil geopfert, Kinder!*
>
> *Wenn ihr ihn nicht liebt, werdet ihr die Liebe eures Vaters nicht erkennen, ihr werdet ihn nicht erkennen, denn Gott ist Liebe. Liebt und habt keine Angst, «es gibt keine Angst in der Liebe»* (1Joh 4, 18). *Wenn eure Herzen für den Vater offen sind und voller Liebe zu ihm, warum habt ihr dann Angst vor dem, was kommen wird? Die haben Angst, die nicht lieben, denn sie erwarten die Bestrafung und wissen, wie leer und hart sie sind. Ich führe euch, meine Kinder, zur Liebe, zum vielgeliebten Vater. Ich führe euch zum ewigen Leben.*
>
> *Das ewige Leben ist mein Sohn* (siehe Joh 13, 7). *Liebt ihn und ihr werdet die Liebe erhalten.*

Hier sind einige der Worte Mirjanas, die ich am Samstag, dem 29. Mai, mit einer französischen Gruppe traf:

> *«Seit 1987 habe ich ein Treffen mit der Jungfrau jeden 2. des Monats. Das ist anders als bei den Erscheinungen. Ich kenne die Stunde nicht, ich verbringe den Tag im Gebet.*
>
> *An diesem Tag bin ich allein im Zimmer. Mein Mann und die Kinder beten in einem anderen. Meine Tochter ist ein wenig eifersüchtig. Warum sieht sie die Mutter und nicht ich? Die Gospa bleibt länger als bei den Erscheinungen, manchmal eine Viertelstunde, eine halbe, oder sogar eine ganze Stunde. Wir beten für die Ungläubigen. Dafür erbittet sie das Gebet aller ihrer Kinder. Durch die, die*

nicht glauben, kommen Kriege, Abtreibungen, Scheidungen und anderes Unglück. Wenn ihr für sie betet, betet ihr auch für euch. Die Jungfrau sagte noch: Wohnt der Messe bei, nicht nur am Sonntag. Wenn ihr wählen könnt zwischen mich zu sehen und der Messe, wählt die Messe, wo Jesus mit euch ist.»

Nichts vereint unsere Familien wie der Rosenkranz. Die Gospa fordert auch, die Bibel in der Familie zu lesen.

Sie hat auch folgende Antworten gegeben:

Frage: Wurde euch der Krieg angekündigt?

Mirjana: Ich habe keine Vorhersage erhalten. Aber 1981 wollte Pater Petar, daß ich die Gospa frage: «Wird Kroatien jemals befreit werden?» Ich verstand die Frage nicht gut, aber ich habe gefragt und die Gospa hat geantwortet: «Es wird frei sein nach einem kleinen Krieg.»

Pater Petar hat es notiert und nach den letzten Ereignissen hat er mich gefragt: «Aber wie konnte sie von einem "kleinen Krieg" sprechen? Vielleicht im Vergleich zu den Weltkriegen, die wir erlebten?» Die Gospa ist jenseits der Nationen. Sie sagt nicht: «Meine lieben Kroaten», «Meine lieben Franzosen», sie sagt: «Meine lieben Kinder.»

Fr.: Du hast das Paradies gesehen? Wie?

M.: Das war sehr kurz, wie ein Film von 4 oder 5 Sekunden: Ich habe gebeten, nicht die Hölle zu sehen, die Jakov und Vicka gesehen haben. Was habe ich gesehen? Im Himmel: die Leute erscheinen wie 30, auch der Gesichtsausdruck: sehr glücklich. Es sind Leute, die alles haben, was sie wünschen, gekleidet ein bißchen wie Jesus auf den Bildern. Im Fegefeuer verstand ich, daß sie litten, aber ich verstand nicht die Ursache ihres Schmerzes. Aber ich rede nicht gerne von Dingen, die ich so kurz gesehen habe vor langer Zeit.

Fr.: Hattest du vor den Erscheinungen Glauben?

M.: Ich glaubte. Gott und die Jungfrau standen für mich an erster Stelle. Wir beteten nach der Arbeit in der Familie.

Fr.: Weißt du, wann die Erscheinungen aufhören?

M.: Die Jungfrau hat es mir nicht gesagt.

Fr.: Weißt du, wann die Geheimnisse enthüllt werden?

M.: Ja, aber ich kann darüber nicht sprechen.

Vicka

Vicka ist im Ausland am meisten gefragt, aber manchmal verweigert sie sich oder macht im letzten Augenblick einen Rückzieher. Sie hat dennoch einige Rundreisen als Zeugin gemacht, energisch und fruchtbar, davon zehn Tage nach Kanada im Mai 1994, dann an die Universität von Notre-Dame vor einer ungeheuren Versammlung von mehr als 10 000 Personen, die meistens von den unzähligen Zentren Unsere Liebe Frau vom Frieden kamen: mehr als 200, die gegründet wurden, um die Gebets- und Wallfahrtsgruppen in den USA aufeinander abzustimmen. Im Juli 1994 war es Irland.

Sie bewahrt ihr Naturell, ihre Einfachheit, ihre warmherzige Kontakt- und Ausdrucksfähigkeit, die von Herzen kommt, auch vor der größten Menge mit ihrer schönen slavischen Stimme, warm und reich an Harmonien. Ihre Erscheinung ist strahlend, aber natürlich. Ihre Spannung ist ohne Schwäche, ihre Vitalität und menschliche Wärme verleihen ihr eine Ausstrahlung, aber man errät an ihrem Teint und anderen Anzeichen, daß sie heimlich aber ernsthaft mit ihrer Gesundheit kämpfen muß, sie spricht aber um keinen Preis davon.

Sie umspielt jede Frage danach mit einem kleinen Lächeln oder einer Idee und versichert, daß alles sehr gut geht. Ihr Angebot als Opfer zu Beginn der Erscheinungen läßt sie sicher viele Prüfungen ausstehen, die sie immer vollkommener verbirgt unter einem perfekt natürlichen Lächeln.

Sie ist manchmal gehandicapt: im Oktober 1994 durch ihren Arm, aber sie erholt sich schnell. Ich lese diesen Aspekt ihres Schicksals im Lichte dessen von Yvonne-Aimée de Malestroit und deren freiwilliger Opfer: Fr. R.

Und viele andere, noch geheimere, die ich kenne.

Ich habe Vicka am Montag, den 1. Mai, bei sich zu Hause angetroffen, mit der französischen Wallfahrtsgruppe, und ich konnte sie einige Augenblicke sehen, ganz privat schließlich, um von ihr eine Aufhellung zu erfragen.

Nach einer Person, die ich am Abend traf, und die gut unterrichtet ist, scheint es, daß die meisten Seher das Datum wissen, an dem sich die Geheimnisse erfüllen oder enthüllt werden, und jeder muß einen Priester wählen, um diese Enthüllung zu machen, wie Mirjana, die Pater Petar seit 1984 wählte. Vicka hat all dieses auf den Kopf gestellt:

Frage: Weißt du das Datum der Enthüllung der Geheimnisse?

Vicka: Nein, nur Mirjana und Ivanka, die schon alle 10 empfangen haben, wissen es.

Fr.: Aber die zehn Geheimnisse sind die gleichen für jeden von euch.

V.: Wir haben sie unter uns noch nicht verglichen, aber wir nehmen es an.

Fr.: Also wirst du einen Priester wählen müssen, um die zehn Geheimnisse zu enthüllen, wenn das zehnte enthüllt sein wird?

V.: Nein, das ist die Mission von Mirjana.

Das scheint zu bestätigen, daß die zehn Geheimnisse im Wesentlichen die gleichen sind für alle Seher.

Man fragt sich, wie Vicka aufrecht bleiben kann, stundenlang vor den Pilgergruppen, die nacheinander kommen, oft mit einem Dolmetscher (außer den Kroaten und Italienern), um immer das Gleiche mit der gleichen Natürlichkeit und Energie zu sagen. Nein, das ermüdet sie nicht, sagte sie zu einem Pilger der Oasis im November 1994.

Ihre Überzeugung, ihre Flamme, ihre Freundschaft sind stärker als ihr Wort. Sie setzt sich ohne offensichtliche Ermüdung schließlich allen Fragen, Fotos, Umarmungen, Gebetsbitten, und vor allem Händedrucken aus, in deren Gunst viele kommen.

Wohin gehen die Seher?

Manche Pilger waren schockiert, daß die Seher alle heirateten, außer Vicka, da sie doch mehr oder weniger eine starke Berufung empfangen haben, und keiner einem Orden angehört, denn Vicka ist hundertprozentig in einem Amt tätig, aber nur als Laie, ohne allgemeine Bindung, in direktem Kontakt mit Gott und Unserer Lieben Frau.

Einige hatten sich einmal für das Priestertum oder das Ordensleben entschieden, aber wichtige Umstände (die in den vorhergehenden Bänden erzählt wurden), haben sie aus Gründen, die sie schwer abgewogen haben, davon abgebracht.

Es scheint klar, daß die negative Haltung eines Teils der örtlichen Hierarchie sie von einer Bindung im kirchlichen Rahmen abgebracht hat, deren Mechanismus der Abweisung sie teilweise kennengelernt haben. Für Ivan und Jakov, die sich zuerst auf eine religiöse Berufung ausrichteten, ist das offensichtlich (DN 5, 50).

In Wirklichkeit knüpft ihre Wahl, die unablässig mit Blick auf Gott und Maria abgewogen wurde, an einen großen Drehpunkt des II. Vatikanischen Konzils an: die Berufung der Laien. Das ist keine Berufung der Macht, sondern der Heiligkeit und des Zeugnisses. Jeder von ihnen muß sich darum kümmern, abgestuft nach verschiedenen Gnaden. Vicka in erster Linie, dann Ivan, Mirjana und Marija — Jakov sucht noch seinen Weg. Ivanka hat sich ein möglichst verborgenes und gewöhnliches Leben ausgesucht: das heißt nicht, daß es nicht tiefgründig wäre, aber es ist verborgener.

Die Lebenswahl von fünf von ihnen entspricht auch einem großen Ziel Johannes Pauls II: die Familie. Ihre lange, ernsthafte Verlobungszeit stellt ein ebenso starkes wie seltenes Beispiel dar in der gegenwärtigen Verwässerung der Sitten. Ihr felsenhafter Glaube ist ohne Fehler, ihre Moral ohne Tadel. Das Übernatürliche und das Natürliche wohnen bei ihnen gut zusammen mit schöner Klarheit, nach kroatischer Tradition und (den verschiedenen) Temperamenten des Einzelnen.

Man war versucht sie der heiligen Bernadette von Lourdes gegenüberzustellen, die strikt jedes kleinste Geschenk zurückwies. Jeder von ihnen hat in verschiedenem Maße anläßlich seiner Hochzeit ein Haus erhalten, das offensichtlich ihre persönlichen Mittel übersteigt, durch freundschaftliche, spontane, manchmal internationale Hilfe. Ihr Lebensstandard ist in verschiedenem Maße viel gehobener als zu ihrer Kindheit (außer Mirjana). Aber um eine Familie zu gründen braucht man ein Haus und Mittel zum Leben. Die Vorsehung hat dafür gesorgt. Die Freunde aus Medjugorje haben selbstlos zusammengeholfen. Die bewundernswerte Berufung von Bernadette war anders und auch ihre Probleme. Sie wurde sehr schnell von der Autorität in ein Ordenshaus gesteckt, bevor sie selbst Ordensfrau war und mußte sich nicht mehr um den Lebensunterhalt kümmern. Es ist übrigens eine Aufgabe jeder Ordensfamilie, ihre Mitglieder von materiellen Sorgen freizustellen; so wie ein Familienvater seine Kinder davon befreit. Ich bewundere, daß alle Seher, ihr menschliches und christliches Gleichgewicht behalten haben, trotz eines Lebens, das durch Besuche sehr gestört ist, durch Inanspruchnahme, Gegnerschaften und Bewunderung jeglicher Art. Und auch durch die Einladung, jeden Tag das gleiche Zeugnis abzulegen, was normalerweise schnell dazu führt, die Nase voll zu haben und zum Ekel führt. Selbst die gute Sahne will man nicht mehr, wenn man sie jeden Tag in Übermaß hat. André Frossard sagte selbst: «Jedesmal, wenn ich die Erfahrung meiner Bekehrung erzähle, verliere ich etwas davon.»

Die Gefahr besteht darin, daß sie das Gewicht und die außerordentliche Autorität nicht genug einschätzen, die sehr viele Pilger ihrem Wort beimessen, als ob alles direkt von ihrem heißen Draht zum Lieben Gott käme.

Pater Petar Ljubicic

Pater Petar Ljubicic, den Mirjana erwählte, um die zehn Geheimnisse der Gospa zu enthüllen, zu dem Zeitpunkt, an dem es ihr gut schien, ist in die Schweiz umgezogen.

— Ich wählte ihn, weil er ein sehr gutes Herz hat. Er nimmt sich in der Gemeinde am meisten um die Armen an, sagte Mirjana.

Denen, die sich Sorgen machen um die Entfernung, sagt sie unbesorgt:

— Die Gospa wird das schon machen. Er sollte im Herbst 1994 abreisen. Seine Abfahrt wurde bis Februar verweigert. Das ist eine Tatsache. Er ist ein wahrer Franziskaner, fröhlich, spontan, klar, warmherzig, einfach wie ein Kind. Man blickt ihm mit Bedauern nach.

Jozo Zovko

Pater Jozo Zovko, der Pfarrer der ersten Erscheinungen, ein großer geistlicher Mahner bis zu diesem Tag, wurde von der Aufgabe des Guardian des großen Klosters Siroki Brieg entbunden, wo er ein großes Zentrum der Verteilung von humanitärer Hilfe gegründet hatte. Er wurde ersetzt durch Pater Svetozar Kraljevic, Autor eines der ersten Bücher über Medjugorje. Er tut das, um die geistliche Botschaft in der Welt zu verbreiten mit seinem starken Charisma. Er machte eine Tournee in Italien vom 11. bis 18. Dezember: von Macerata und Assisi nach Perugia und Siena (Eco 117, S. 3) nach Frankreich (21.-24. Februar): von Rouen und Straßburg nach Lourdes und Chartres. Er hatte den Rat erhalten: «Sprechen Sie nicht von Medjugorje und den Erscheinungen!»

Ja, das war es, was die Mengen von ihm erwarteten. Aber er verkörperte so stark Medjugorje und seine Botschaft, daß sein heroisches Schweigen durchsichtig war. Er sprach, voll gehorsam dem Ratschlag, von der Jungfrau und vom Frieden im tiefen, geistigen Sinn des Wortes. Er führte die Versammelten zu einem tiefen Gebet. Lourdes besuchte er heimlich und privat. Übrigens war die Auflegung der Hände oder des hl. Sakraments, die er an Kranken ausführte, von Heilungen gefolgt und ohne Tatbestandsaufnahme, wofür die Betroffenen dankbar sind, wie einst der Blindgeborene.

Im März 1995 hat Pater Jozo die Slowakei besucht, dann Deutschland (am 27.).

Er bedauerte bei manchen Pilgern, eine Neigung zum Aktivismus und sagte zu ihnen: «Seid Brot, keine Bäcker!» Brot paßt gut zum Sakrament. Seine Sorge ist, daß alles von der Einheit mit Gott kommt, der die Liebe einflößt. darauf zählt er, um den Krieg auszuretten. Brot sein bedeutet, wie Christus verzehrt zu werden.

3. Befragungen und Urteil der Kirche

Die Pilger von Medjugorje, die darauf bedacht sind, der Kirche zu gehorchen, sind zwischen zwei Feuer geraten.

— Teils billigen ihre Pfarrer und Bischöfe ihre Reise oder machen selbst die Wallfahrt.

— Teils sagen sie zu ihnen: Das ist nicht anerkannt. Lassen Sie davon ab. Sie sind der Kirche ungehorsam. Viele fragen sich, was man denken soll zwischen diesen diametral entgegengesetzten Meinungen. Die Frage wurde mir oft gestellt, und es erscheint mir nützlich, die Frage von der Lehre der Kirche aus zu beantworten, um zu den neuesten Tatsachen und einem begründeten Schluß zu gelangen.

Fundamentale Prinzipien

Zuallererst sind die Erscheinungen und Charismen ein Gebiet, das weitgehend der Freiheit und Klugheit jedes Einzelnen in der Kirche unterstellt ist, denn der Geist weht, wo er will. Er kann jeden aus der Fassung bringen, ob Laie, Priester oder Bischof. Die Unterscheidung ist eine Arbeit der Geduld, sie schreitet nach und nach vorwärts und ist oft nur eine Vermutung; sie ist so schwierig, daß man nicht nur unterscheiden muß, ob das Charisma (Erscheinungen, Gabe der Sprache oder der Tränen, Ruhen im Geist), das Pater Jozo praktiziert echt ist, sondern vor allem in welchem Maße, wann und wie es echt ist. Man kann gute Dinge mißbrauchen und jedes Charisma kann ausarten.

Auf dieser Grundlage der Freiheit der Kinder Gottes, die sich als gute Quelle und im Gehorsam erweisen muß, muß man mit einem geläufigen Irrtum aufräumen. Sagen wir nicht: solange eine Erscheinung nicht offiziell anerkannt ist, soll man nicht hinfahren, das bedeutet, der Kirche ungehorsam sein. Denn alle Erscheinungen, die anerkannt wurden, wurden es, weil die Gläubigen dorthin strömten, dank des geistigen Instinktes (sensus fidelium) des Gottesvolkes, der in der Kirche viel zählt. Wenn sie nicht dorthin hingeströmt wären, hätte der Bischof nicht darüber urteilen müssen, und sie wären nie anerkannt worden, ob das nun Lourdes, Fatima oder irgend andere sind. Die Freiheit im Geist, die den Gläubigen auf diesem Gebiet gelassen wird, ist so groß, daß selbst wenn eine Erscheinung anerkannt ist, keiner dazu verpflichtet ist, dorthin zu gehen; noch mehr, keiner ist verpflichtet, daran zu glauben. Wenn Sie nicht an die Echtheit von Lourdes oder Fatima glauben, haben Sie zweifellos unrecht, aber es ist keine Sünde. Die Kirche, die den katholischen Glauben mit göttlicher Autorität lehrt, unter dem Bannfluch, wie man früher sagte, ist bescheiden, was geistliche Tatsachen anbelangt (Erscheinungen, Wunder usw.) Auf diesem Gebiet ist sie nicht unfehlbar, sie vermutet und gelangt zu ernsthaften Urteilen, die klug sind, aber nur Mutmaßungen, denn sie schließt aus einem Zusammenspiel von Indizien: der Seher ist aufrichtig; sein Leben ist heilig, die Tatsachen sind zusammenhängend, die Früchte sind gut, sein Kontakt mit dem Himmel ist also echt. Aber ist es deswegen ein Wunder? Ist es wirklich die Jungfrau, die erscheint, oder nur eine subjektive Ursache, die sein Gebet mit Bildern begleitet?

Die kirchliche Autorität fühlt sich nicht kompetent genug und auch nicht befugt, daraus ein Dogma zu machen. Das einzige Dogma auf dem Gebiet der Erscheinungen ist die Auferstehung Christi. Die Autorität schlägt also ihre Schlüsse vor, aber sie erlegt sie nicht auf. Sie sagt nur: «Es gibt gute Gründe, daran zu glauben, es ist gut, wenn man daran glaubt.» Oder auch: «Ich glaube daran, und das sind meine Gründe dafür.» Aber nicht: «Sie müssen daran glauben.»

Dieser Unterschied liegt in der Natur der fraglichen Lehre an sich: es ist nicht mehr göttliche Offenbarung, die das Wort Gottes selbst ist, sondern die Annahme von umfassenden Zeichen. Diejenigen, die den Glauben an diese oder jene Erscheinung auferlegen wollen und die, die ihn als Fehler unterdrükken, legen in mißbräuchlicher Weise der Freiheit im Geiste Fesseln an, von der der Apostel Paulus spricht (Rm 21, 8; 1 Kor 10, 29; 2 Kor 3, 17; Gal 2, 4; 5, 1; 1, 13; Jak 1, 21-25; 2, 8, 12). Es ist eine Grundgegebenheit des christlichen Glaubens, daß Christus uns frei macht (Joh 8, 32-36; Röm 6, 18-22; Gal 5, 1). Die Seher selbst legen Zeugnis ab, aber lassen jedem die freie Meinung und sagen ihren Gegnern wie Bernadette von Lourdes:

— Ich bin beauftragt, es Ihnen zu sagen. Ich bin nicht beauftragt, sie zum Glauben daran zu bringen.

Kurz: Erscheinungen, Wunder und Charismen sind Tatsachen, die vom kirchlichen Leben verschieden sind, darin von vitaler Wichtigkeit, aber gehören nicht zum Grund.

Regeln der Unterscheidung

Nachdem die Prinzipien festgelegt sind, müssen die Gläubigen geführt werden, und die Autorität der Kirche hat die Pflicht, es zu tun, nach den aufgestellten Regeln der Unterscheidung, im Lichte des Geistes, durch die Erfahrung einer langen Tradition, die auf Christus selbst zurückgeht. «Man beurteilt den Baum nach seinen Früchten» ist die genaue Regel und das Grundkriterium auf diesem Gebiet.

Auf diesen Grundlagen hat Kardinal Seper, Präfekt der Glaubenskongregation, 1978 zum Gebrauch der Bischöfe und ihrer Experten, Regeln für eine gerechte Unterscheidung herausgebracht, veröffentlicht *Sub secreto*, ich weiß es nicht, warum, denn diese traditionelle Regeln haben offensichtlich nichts Vertrauliches an sich. Ich wurde von Kardinal Seper selbst und von Bischöfen, denen dieses Dokument zukam, befragt und konnte daraus meine Schlüsse ziehen. Im Wesentlichen sind die Bischöfe dort wo eine Erscheinung einen Auflauf von Gläubigen anzieht, gehalten, in zwei Schritten vorzugehen.

1. Sich nicht enthalten und warten, wie man es oft tat aus falscher Klugheit, sondern schnell eine erste Überprüfung machen, um zu entscheiden, ob man es kanalisieren müsse oder streng untersagen. Wenn die Lehre, die Moral und die Früchte gut sind, wenn die Seher aufrichtig sind, normal und empfehlenswert, ist es nicht gut, die Wallfahrt sich selbst zu überlassen, sondern besser, sie in den Dienst zu nehmen, um zu erleuchten, zu führen, die Gläubigen zu belehren, und jeder Entgleisung zuvorzukommen; kurz: das zu fördern, was gut ist und zu korrigieren, was es nicht ist: das ist die Aufgabe jedes Erziehers.

Wenn sich alles zusammen als gut erweist bei der ersten näheren Kenntnisnahme, nimmt die Kirche die Wallfahrt an und leitet sie durch Liturgie und Predigt, aber sie gibt kein vorschnelles Urteil über die Echtheit der Erscheinungen ab, die nur vermutet wird.

2. Nach diesem, so fährt das Dokument im wesentlichen fort, soll man sich die nötige Zeit nehmen, um über die Echtheit zu urteilen.

In Lourdes hat das vier Jahre gedauert. In Fatima viel mehr. In der Rue du Bac gab es niemals ein Urteil über die Echtheit (die Seherin entzog sich der Befragung). Aber ein solches Urteil ist nicht so notwendig. Eine breite Beteiligung der Gläubigen, des Ortsbischofs, von Papst Johannes Paul II. selbst und die Heiligsprechung der Seherin zählen mehr als eine offizielle juristische Entscheidung, denn die Erscheinungen gehören zum Leben der Kirche, nicht zu ihrer Lehramtsstruktur, und eine eventuelle Entscheidung ist niemals befehlend.

Ist Medjugorje anerkannt?

Was Medjugorje anbelangt, so habe ich die Wechselfälle verfolgt, die das Problem besonders verdunkelten. Die Bände 11 bis 13 von Dernières Nouvelles erzählten Schritt für Schritt diese peinlichen Anschläge. Es ist gut, wenn man das Wesentliche markiert, denn die Widersprüche sind so radikal, so daß viele auf allen Ebenen darin ertrinken.

Zuerst wurden die Erscheinungen sehr schnell, als sehr normal, sehr gerecht und tiefgehend vom Pfarrer der Pfarrei angenommen, in der sie vorgekommen waren: Pater Jozo Zovko, Franziskaner. Er tat es in bemerkenswert kritischer und konstruktiver Weise.

Seines Glaubens sicher und verwundert über das Ereignis sagte er zu den Pfarrkindern:

— Was läuft ihr auf diesen Berg? Hier bringt sich der Herr selbst in der Messe dar. Kommt zur Messe!

Und das Volk, wohl vorbereitet auf den spontanen Kontakt mit der Jungfrau, kam jeden Tag in Massen: eine ansteckende Flutwelle an Eifer und Bekehrungen, wie man weiß. Jozo Zovko hat all dieses in Verbindung mit dem Bischof getan: Monsignore Zanic. In diesem Augenblick war er nach allen Zeugnissen, die ich erhalten habe, günstig gesinnt, obwohl er es heute vergessen hat.

— Er war sogar günstiger gesonnen als ich, und ich mußte ihn manchmal bremsen, sagte Frater Jozo Zovko.

Bei Jahreswechsel 1981-82 hat sich sein Konflikt mit den Franziskanern besonders auf Medjugorje erstreckt in der Tatsache unglücklicher Eingriffe. Von da an stritt Monsignore

Zanic, ein starker und entschlossener Mann, besonders für folgendes:

— Die Wallfahrten zu untersagen.

— Eine negative Entscheidung über die Echtheit der Erscheinungen herbeizuführen. Aber vom kanonischen Recht her ist es schwierig, den Besuch einer guten katholischen Pfarrei zu untersagen; der Bischof konnte nur den Priestern untersagen, dorthin Wallfahrten zu organisieren, den Laien konnte er es nicht untersagen.

Was eine negative Entscheidung über die Erscheinungen anbelangt, so kündigte der Bischof sie an, faßte sie ab und brachte sie im April 1986 nach Rom. Aber Kardinal Ratzinger akzeptierte sie nicht.

Er forderte den Bischof auf, seine Kommission aufzulösen und übertrug die Verantwortung der Bischofskonferenz, unter dem Vorsitz von Kardinal Kuharic, Erzbischof von Zagreb.

Der Kardinal war niemals in Medjugorje. Aber er hatte Vicka in der erzbischöflichen Residenz in Zagreb empfangen. Sie hatte eine Erscheinung in seinem Salon. Er zeigte mir die Stelle. Er wollte dem Konflikt ein Ende machen und diesem Ereignis mit fruchtbarem Glauben einen friedlichen Zustand verschaffen. Aber er fühlte sich gehalten, das mit dem größten Respekt vor dem Ortsbischof zu machen, den er in erster Linie bei allen Entscheidungen beizog.

Der Plan des Kardinals war also, die Wallfahrt und ihren beispielhaften Kult anzuerkennen und anzunehmen. Aber jedesmal, wenn diese Frage auf dem Programm der Bischofsversammlung auftauchte, trat der Ortsbischof zuerst mit solcher Kraft auf, daß keiner mehr nach ihm zu sprechen wagte, außer denen, denen er seine negative Meinung mitgeteilt hatte. Das gestattete ihm zu sagen, daß gegen jeden Anschein alle Bischöfe dagegen waren. Tatsächlich wagten es die anderen nicht, außer Monsignore Franic, der gewohnt war, seine günstige Meinung als unantastbarer Vorsitzender der Lehramtskommission abzugeben. Aber 1988, als er die Altersgrenze erreicht hatte, verschwand er am 29. Dezember 1987 von der Konferenz.

Schließlich ließ Kardinal Kuharic im Oktober 1990 (das Jahr, in dem an die hundert Bischöfe der ganzen Welt gekommen waren um die Wallfahrtsmesse zu konzelebrieren) die gewünschte Entscheidung auf diplomatischem Wege herbeiführen.

Diese Anerkennung der Tatsache wurde ausdrücklicher und breiter verwirklicht als in Rom die Erscheinungen von Tre Fontane. Monsignore Franjo Komarica, Bischof von Banja Luka, Vorsitzender der bischöflichen Untersuchungskommission der Erscheinungen, kam am 21. Oktober 1990 nach Medjugorje. Er zelebrierte die Wallfahrtsmesse um 18 Uhr und sagte genau:

— Ich komme nicht in meinem eigenem Namen, sondern im Namen aller Bischöfe der Bischofskonferenz, Monsignore Zanic miteingeschlossen. Andere werden auch kommen (DN 10, S. 22-23).

Und das taten auch Monsignore Marin Stakis (5.-6. November), Monsignore Janko Spenesed (24.-25 November), dann Monsignore Zanic selbst mit dem Erzbischof von Sarajevo, Monsignore Vinko Puljic, heute Kardinal, der soeben zum Erzbischof von Sarajevo ernannt wurde (am 19. November 1990).

Am 27. November 1990 konnte die Erklärung, die die tatsächliche Anerkennung des Kults offiziell bestätigen sollte, noch nicht abgeschlossen werden. Die außerordentliche Bischofsversammlung der jugoslawischen Bischöfe, die in Zagreb am 27.–28. November abgehalten wurde, gelangte darin zu einem Ende. Aber nach einer schwierigen Debatte. Monsignore Zanic hatte den Text mit zweideutigen und offensichtlich negativen Ausdrücken spicken lassen, sodaß er unverständlich wurde, außer für Experten, die mit allen Umständen vertraut waren.

Da man mit dem, was man hat, gut haushalten muß, beschlossen der Kardinal und die Konferenz, daß der unverständliche Text geheim in den Archiven bleiben soll. Genügte die tatsächliche Anerkennung nicht? Wie in Rom, wo die Erscheinungen von Tre Fontane gleicherweise durch die Tatsachen anerkannt wurden, ohne Text und Erklärung, war der Kardinalsvikar des Papstes nur erschienen, um die feierliche Wallfahrtsmesse zu halten, ohne ein Wort von den Erscheinungen zu sagen.

Also war die These, die Monsignore Zanic beabsichtigt hatte, die Wallfahrt solle verboten oder zumindest getadelt werden, vereitelt worden, da die kirchliche Hierarchie sie öffentlich angenommen hatte. Aber Monsignore Zanic gab nicht auf. Nach Michel de la Trinité, der ihm darin Ehre macht, ließ er der italienischen Agentur Asca den verworrenen Text der Bischofskonferenz mitteilen, der schließlich am 2. Januar 1991 veröffentlicht wurde und durch die Weltpresse ging. Diesem offensichtlich negativen Text folgte ein noch negativerer Kommentar, der von den Rädelsführern der Operation vorbereitet worden war. Er streifte alle Zweideutigkeiten in schlechtestem Licht.

Ich wurde durch das katholische Journal L'Avvenire (italienisch) und durch die amerikanische Presse von dem Problem gepackt und konnte die Dinge objektiv zurechtrücken, wie es aus der methodischen Analyse des Textes und der Tatsachen auch folgte.

Diese Veröffentlichung beunruhigte die Gläubigen nichts destoweniger. Sie verstanden nichts mehr; zumindestens die, die in Medjugorje große Gnaden empfangen hatten. Hatten die Bischöfe nun den Kult anerkannt oder nicht? Oder wollten sie ihn tadeln?

Der offizielle Text der Bischöfe über Medjugorje (10. April 1991)

Kardinal Kuharic bedauerte offensichtlich diese wilde Veröffentlichung. Man brauchte sein bemerkenswertes diplomatisches Talent während mehr als vier Monaten, um aus dem Tiefschlag herauszukommen, und einen durchgesehenen und korrigierten Text zu veröffentlichen. Es ist wichtig, diesen offiziellen Text abzudrucken, der im Zentrum der Debatte bleibt:

Die Mitglieder der jugoslawischen Bischofskonferenz, die am 9., 10. und 11. April in Zadar vereinigt sind in ordentlicher Sitzung, sind zur folgenden Erklärung übereingekommen:

Seit Anfang an haben die Bischöfe die Ereignisse in Medjugorje durch den Diözesanbischof und die zu diesem Zweck von der jugoslawischen Bischofskonferenz geschaffene Kommission verfolgt. Auf der Grundlage von bisher durchgeführten Befragungen, kann man nicht bestätigen, daß es sich um übernatürliche Erscheinungen und Offenbarungen handelt.

Nichts destoweniger erfordert die zahlreiche Versammlung der Gläubigen, die aus Glaubensgründen oder anderen Motiven von überall her in der Welt nach Medjugorje kommen, die pastorale Aufmerksamkeit und Sorge zuallererst des Diözesanbischofs und mit ihm die der anderen Bischöfe, damit in Medjugorje und was damit verbunden ist, eine gesunde Verehrung der Jungfrau Maria sich ausdrückt, in Übereinstimmung mit der Lehre der Kirche. Zu diesem Zweck werden die Bischöfe auch entsprechende liturgische und pastorale Direktiven geben. Gleichzeitig werden sie durch ihre Kommission auch weiterhin die Fakten über Medjugorje verfolgen und im Zusammenhang beurteilen (10. April 1991).

Eine neue Etappe

Unter diesen Umständen wurde Monsignore Ratko Peric, Superior des kroatischen Seminars in Rom, die hauptsächliche Hilfe von Monsignore Zanic bei seinen Aktionen gegen Medjugorje in Rom zu seinem Koadjutor ernannt und folgte ihm nach.

Die Fortführung der Opposition war gesichert. Jedenfalls legte Monsignore Peric, ein kluger Mann, seine Autorität nicht fest, sondern zeigte diese Opposition dadurch, daß er die Entscheidung der jugoslawischen Bischofskonferenz in äußerst negativer Weise deutete, wie wir es in DN 13, S. 36-44 gesehen haben.

Am 11. Oktober 1994, anläßlich der Bischofssynode, die die Vertreter der Bischofskonferenzen der ganzen Welt in Gegenwart des Papstes vereinigt, tat er einen weiteren Schritt: Er stellte Medjugorje als einen beklagenswerten Dorn in seiner Kirche hin. In verschleierten Begriffen faßte er zusammen:

> *Die Abtretung der Diözese von einigen Pfarreien, die von den ehrenwerten Franziskanern unterhalten werden, stellt den Gehorsam, den diese Ordensleute gelobt haben, auf eine harte Probe. Dem fügt sich auch das Phänomen Medjugorje ein: eine Pfarrei, die ihnen anvertraut ist.*

Und nachdem er die offizielle Position der Bischofskonferenz zitiert hatte, fügte er hinzu:

> *Diese angenommenen Erscheinungen verursachen eine große Verwirrung und Teilung, nicht nur in der Ortskirche. Wir hoffen also, daß der Heilige Stuhl eingreift, um die volle und geschlossene Einheit dieser Teilkirche wieder herzustellen* (Eco 115, S. 5a).

Dieses Eingreifen stachelte in scheinheiligen und dunklen Begriffen, aber auf höchster Ebene, das des *Collegiums Apostolicums*, unter dem Vorsitz des Papstes, den Streit zwischen der säkularen Geistlichkeit (Bischof miteingeschlossen) und den Franziskanern wieder an, die das Schicksal haben, 80% der Geistlichkeit der Diözese auszumachen. Es betraf auch Medjugorje ungewöhnlich. Und diese große Bewegung der Gnade und Bekehrungen, wie die gegenseitige Hilfe, die daraus resultiert, wurden schweigend übergangen. Dieser Versöhnungsort so vieler Sünder wurde nur schlecht gemacht als Ursache von Uneinigkeit. Der Gehorsam der Franziskaner ihrem Bischof gegenüber wurde auch in schlechter Weise dargestellt, obwohl er dank Medjugorje exemplarisch geworden ist.

Wie es Don Angelo im *l'Eco* darstellt:

> *In Wirklichkeit haben die Franziskaner die sieben fraglichen Pfarreien dem neuen Bischof angeboten, der sie jedoch unter den gegenwärtigen Bedingungen nicht angenommen hat. (...) Die Königin des Friedens wurde nur als Zeichen des Widerspruchs bezeichnet* (Eco 115, S. 5).

Viele haben sich darüber hinweggetröstet, indem sie die Worte eines Schweizer Bischofs und eines afrikanischen Bischofs berichteten.

Letzterer sagt, daß ihn diese Polemik schockiert und Medjugorje noch näher gebracht hat. Der andere sagte, daß diese unangebrachte Polemik die hohe Versammlung schockierte. Aber da keiner reagierte, sind die Gegner von Medjugorje berechtigt, sich darin Geltung zu verschaffen.

Die Situation heute ist verwirrt und widersprüchlich. Anfang 1995 begannen Monsignore Peric und sein Generalvikar in der lokalen Presse eine Aktion, um die Erscheinungen in Mißkredit zu bringen, aber immer in der Form des Interviews und der Information, ohne die bischöfliche Autorität einzusetzen. In *Krava na kamenu* (Kirche auf dem Felsen) nimmt der Bischof von Mostar seine negative Interpretation der Erklärung vom 10. April 1991 in diesen Begriffen wieder auf:

Es ist unmöglich zu erklären, daß es sich um übernatürliche Erscheinungen handelt. Seit dieser Erklärung war es die Meinung von zwei Bischöfen von Mostar: des vorhergehenden und des gegenwärtigen (Monsignore Peric spricht von sich selbst in der 3. Person). Wer das Gegenteil behauptet, erzählt dumme Kindergeschichten.

Nachdem er erklärte, daß der Krieg die liturgische Kommission, die von der jugoslawischen Bischofskonferenz angerichtet worden war, daran hinderte, richtig zu funktionieren, spricht er von drei sich nachfolgenden Untersuchungskommissionen, deren Meinungen auseinandergingen, ohne jemals die geringste Begründung zu veröffentlichen, und schließt:

Das Ergebnis ist das gleiche: negativer Schluß. Wir bleiben damit bei dem Anschein, daß die heilige Jungfrau niemandem in Medjugorje erschienen ist. Der Ortspfarrer stimmt nur mit den Bischöfen [vom 10. April 1991] überein und glaubt nicht an die Geschichten von Medjugorje. Das stellte der Generalvikar klar voran.

Monsignore Peric bezieht sich hier auf das Interview seines Generalvikars Luka Pavlovic in Panorama vom 28. März 1995 mit dem Titel: Die Erscheinungen von Medjugorje sind Kindergeschichten, das die gleiche Interpretation des Dokuments der jugoslawischen Bischofskonferenz vorbrachte (weiter unten, S. 189). Diese Interpretationen (ohne genaue Gründe) widersprechen der zweifachen Entscheidung der jugoslawischen Bischofskonferenz, unter dem Vorsitz von Kardinal Kuharic. Die Bischöfe hatten beschlossen, den Kult anzunehmen und zu ordnen, und weiterhin die Tatsachen von Medjugorje zu verfolgen und in ihrem Zusammenhang zu untersuchen. Monsignore Peric kündigt an, daß diese Pläne zu ihrem Ende gekommen sind.

Er fühlt sich dazu von der Tatsache aus berufen, daß die jugoslawische Bischofskonferenz, die die Entscheidung traf, wie Jugoslawien selbst in vier Konferenzen aufgeteilt ist: Kroatien (das zahlreichste), Slovenien, Serbien und Bosnien.

Monsignore Peric schließt daraus legitimerweise, daß die kroatischen Bischöfe keine Kompetenz für die Erscheinungen in der Herzegowina mehr haben: Die bosnische Konferenz hat darüber zu urteilen. Sie ist zusammengesetzt aus drei Bischöfen: Monsignore Puljic, heute Kardinal und Präsident der neuen Konferenz, der sich stillschweigend der Meinung seines Suffraganbischofs Monsignore Zanic und seines Nachfolgers, Monsignore Peric, angeschlossen hatte, und bringt das gedämpft zum Ausdruck in dem Interview, das weiter unten veröffentlicht wird (S. 183). Er zieht jedenfalls in Betracht, daß Rom eine neue Kommission bilden könnte. Wenn Monsignore Puljic die Messe am Wallfahrtsort feierte, 1991 mit Monsignore Zanic, ist er mit zwei nachfolgenden Ortsbischöfen einer Meinung geblieben. Was den dritten Bischof der bosnischen Konferenz betrifft, Monsignore Komarica (für den man beten muß, denn seine Diözese leidet Gewalt), so ist er schweigend solidarisch geblieben. Die Kugel ist also von seiten der Opposition abgegangen. Alles scheint also, uns zur Situation vom April 1986 zurückzubringen, als Monsignore Zanic seine negative Entscheidung nach Rom brachte, die Kardinal Ratzinger zuerst zurückwies. Man kann über die Entscheidung Roms in der neuen Situation noch keine Vermutungen ausstellen.[1]

Sie ist verwirrend für die Bekehrten von Medjugorje:

— Aber der Papst und viele Bischöfe sind günstig gesinnt, Mitstreiter von Medjugorje. Wie soll man sich da zurechtfinden? Es ist wichtig, diese beiden Punkte über so viel Schweigen, Verwirrung und Widersprüchen klar herauszustellen.

---

1 Die These des Erzbischofs Franic ist, daß Medjugorje so international geworden ist, daß dieser Wallfahrtsort eher eine internationale Kompetenz benötigte: normalerweise die des Heiligen Stuhls, meint er.

Seien wir uns also objektiv klar über diese beiden Punkte, die voller Verwirrung und Widersprüche stecken.

1. Anerkannter Wallfahrtsort; Echtheit dunkel

Das Dokument vom 10. April 1991anerkennt, «die massive Versammlung von Gläubigen, die durch ihren Glauben angespornt werden». Die Bischöfe verstehen es als angenommen, wie sie es taten, als sie offiziell die Wallfahrtsmesse zelebrierten. Sie taten es ohne jedes Lob, das ist wahr, aber auch ohne irgendeinen Vorwurf, weder im Dokument vom 10. April noch im Laufe der liturgischen Zelebration der Wallfahrtsmesse (nicht einmal Monsignore Zanic und der zukünftige Kardinal Puljic).

Man kann sich nur über das Schweigen wundern, das über die bewundernswerten Früchte der Wallfahrt herrscht, die privat von Monsignore Zanic und Monsignore Puljic anerkannt werden, aber dieses Schweigen war die notwendige Bedingung, um Monsignore Zanic, dem Ortsbischof, diese Anerkennung des Kults nahezubringen, gemäß den Kriterien der Erscheinungen, die 1978 durch die Glaubenskongregation veröffentlicht wurden.

Was die Echtheit der Erscheinungen anbelangt, so ist es wahr, daß die Bischöfe sie nicht anerkannten.

> *Die Befragungen der Kommission erlauben nicht zu behaupten, daß es sich um übernatürliche Erscheinungen und Offenbarungen handelt, so erklären sie — aber diese Echtheit und der übernatürliche Charakter sind durchaus nicht ausgeschlossen.*

Die Untersuchungen der Kommission, die eifersüchtig geheimgehalten werden, erlauben durchaus nicht die Bestätigung des übernatürlichen Charakters, aber noch weniger, ihn zu verneinen. In der Folge bestätigt das Dokument folgendes: Die Bischöfe werden weiterhin durch ihre Kommission die Tatsachen von Medjugorje verfolgen und sie im Zusammenhang untersuchen.

Wenn sie fortfahren, das zu tun, bedeutet das, daß die Frage wirklich offen bleibt. Also ist das Übernatürliche noch nicht anerkannt, aber es wird untersucht und eventuell einmal anerkannt.

Das Übernatürliche auf Grund des bischöflichen Dokuments vom 10. April 1991 auszuschließen ist also umhaltbar.

1. Es steht im Gegensatz sogar zur vorläufigen Entscheidung der Bischöfe.

2. Es steht im Gegensatz zu dem noch klareren Kommentar des Kardinals Kuharic.

3. Die zweideutigen Erklärungen, die man jetzt von sich gibt, um Verwirrung zu stiften, entstellen das bischöfliche Dokument; die Bischöfe können noch nicht behaupten, daß es sich um übernatürliche Erscheinungen und Enthüllungen handelt, und nicht: «Nichts Übernatürliches» oder «Das Übernatürliche ist ausgeschlossen».

— Das bedeutet, den gegenwärtigen Zweifel (vorläufig und methodisch) zu einem endgültigen Ausschluß und einer negativen Entscheidung umzuformen.

— Das hilft auch, sich über den zweideutigen Sinn des Wortes «übernatürlich» zu täuschen und ihn verraten nicht ohne Ärgernis für die Glaubenden und schweren Widersprüchen in den Begriffen.

Wie könnte man sagen, daß es in Medjugorje «nichts Übernatürliches» gibt, wo doch alles auf der Messe, der Eucharistie, dem Gebet, den Sakramenten und dem Evangelium gegründet ist? Wenn man das sagte, müßte man auch sagen: «Es gibt nichts Übernatürliches in der Kirche.»

Wie kann man sagen: es gibt nichts Übernatürliches an diesem Ort, der doch den Rekord an Bekehrungen in der Kirche hält? Die unzähligen Bekehrten von Medjugorje sind beunruhigt, wenn sie diese Erklärungen hören.

— Der Glaube erschien uns immer mehr illusorisch. Wir haben ihn in Medjugorje wiedergefunden. Wenn Medjugorje eine Illusion ist, ist dann nicht die ganze Kirche eine Illusion?

Die Gegner von Medjugorje können diese Unsicherheit beschwichtigen: auf dem Gebiet des Urteils über die Erscheinungen bedeutet «übernatürlich» außerordentlich, unerklärlich, wunderhaft. Warum stellt man das nicht klar und behält die Zweideutigkeit darüber wie über das übrige bei? Selbst in diesem strengen Sinn des Wortes «übernatürlich» überrascht der Text vom 10. April alle, die Medjugorje, vom wissenschaftlichen Standpunkt aus studiert haben, auf höchster Ebene nach dem Willen und mit Ermutigung des Heiligen Stuhls, denn die außerordentlichen Tatsachen drängen sich auf.

Um nur von den Heilungen zu reden:

— Mehr als 200 wurden der Pfarrei gemeldet, die sie notierte und medizinische Gutachten einholte. Die Registrierung der Heilungen hat unglücklicher Weise aufgehört, kurz vor dem Krieg, als Pater Dugandzic wegging, der diese Berichte besonders aufmerksam entgegennahm.

Die italienischen Ärzte der ARPA (besonders Doktor Mario Botta) dem ich diese Quelle verriet und anvertraute, hatten zu Beginn ihrer Untersuchungen diese Heilungen zu studieren begonnen, und sie hatten sieben unterschieden, deren Berichtergebnisse so bemerkenswert waren, daß sie eine Feststellung erlaubten. Sie hatten mir diese sieben Berichtergebnisse zugeschickt, die ich in DN 10, S. 35-39 wiedergegeben habe. Darüber hinaus hat die wissenschaftliche Unterkommission, die der jugoslawische Episkopat 1986 wegen der Medjugorjeuntersuchung aufstellen ließ, Wunder erster Ordnung festgestellt. Doktor Korljan, Psychiater in Split, Vorsitzender dieser Kommission, bestätigte mir das mit voller Klarheit und hat mir sein Bedauern ausgedrückt, nicht zur bischöflichen Untersuchungskommission zugelassen zu sein, die den Theologen vorbehalten ist, aber in der sein öffentliches Amt und der notwendigerweise interdisziplinäre Charakter der Untersuchung einen Platz hätte einräumen müssen.

Mehrere Mitglieder der Kommission, die Medjugorje günstig gesinnt sind, haben übrigens Monsignore Franic und anderen gestanden, daß sie in der Kommission nicht freie Hand hätten.

Warum hat man diese Heilungen vergraben, deren Gnadenempfänger weiterhin dankbar sind?

Warum sagen die Gegner weiterhin, daß es in Medjugorje keine Heilungen gäbe? Das fragt man sich, denn andere Ärzte haben methodisch den wissenschaftlichen Aspekt von Medjugorje studiert mit völlig positivem Schluß, besonders über den organischen und unpathologischen Charakter der Ekstase (Professor H. Joyeux und R. Laurentin, *Etudes médicales*, O.E.I.L, Paris).

Schließlich hat erst kürzlich Professor Gildo Spaziante von der Fakultät von Mailand zwei Bände veröffentlicht, die verschiedene Heilungen betreffen, über die er persönliche Untersuchungen anstellen konnte. In erster Linie die Diana Basiles (eine seiner Patientinnen in Mailand) und die Damir Corics, die Professor Korljan als die außergewöhnlichste betrachtete mit einer Wiederherstellung des Gehirns, die von Tomographien bestätigt ist. Wie kann man an so vielen Arbeiten auf hoher Ebene vorübergehen, die von Professor Joyeux mit inbegriffen, der als Erster Elektro-Enzephalogramme der Ekstasen gemacht hat, die die Frage wiederaufleben ließen?

Wie können so viele wissenschaftliche und geistige Tatsachen in diesen Punkt verborgen werden? Für wen und weshalb? Warum so viele Anstrengungen, um das Werk Gottes und das Licht auszulöschen, das die Kirche zum Auftrag hat, es zum Leuchten zu bringen zugunsten der Wahrheit, des Glaubens und der Gnade. Das ist eines der Rätsel von Medjugorje.

Der zukünftige Kardinal Urs von Balthasar schrieb an den Ortsbischof einen öffentlichen Brief, als er sah, wie die geistige Tatsache von Medjugorje behandelt wurde, und ging darin so weit zu sagen: «Sie degradieren ihr bischöfliches Amt!» Kann die Autorität, die geliebt und respektiert wird, unempfindlich bleiben gegenüber dieser Degradierung, die Folge eines weltlichen Konflikts, der sich unglücklicherweise auf Medjugorje ausdehnte, auf Kosten des Werkes Gottes und Unserer Lieben Frau?

Kardinal Urs von Balthasar sagte auch noch: «Es gibt für Medjugorje nur eine Gefahr: vorbeizugehen.»

2. Günstig eingestellte Bischöfe

Da es sich um das Lehramt handelt, ist es gut, den Bericht vom Zeugnis der Bischöfe mit offenen Augen zu lesen; diese Bischöfe haben mit Medjugorje und dem Papst selbst Kontakt aufgenommen. Denn fast 200 Bischöfe, die über die geistigen Früchte Medjugorjes bei ihren Diözesankindern verwundert waren, haben sich nach Medjugorje begeben, und eine Anzahl von ihnen glaubte, die Gnadenwirkung und ihre Überzeugung nicht verbergen zu dürfen, trotz des Drucks und der Solidarität derer, die viele andere darüber zum Schweigen bringen, deren Geheimhaltung wir respektieren. Wir haben einige von ihnen in jedem der vorhergehenden Bände zitiert (DN 9, S. 78-80; 10, S. 95-96; 12, S. 38; 13, S. 51 und 110). Hier sind weitere:

Im Oktober 1994 erklärte Monsignore Gabriel Gonsum Ganaka (58 Jahre), Bischof von Jos im Nigeria: «Ich glaube an Medjugorje, weil ich seine Früchte sehe» (Eco 117, 5c).

Das war seine 3. Wallfahrt nach Medjugorje. Er erklärte näher:

> *Ich bin hierhergekommen, um den mächtigen Glanz des Gebets zu sehen, für das so viele meiner Gläubigen, die Pilger von Medjugorje waren, gewonnen wurden. Die Botschaften der Jungfrau sind einfach und praktisch, sie verändern das Leben und haben sich in der ganzen Welt*

verbreitet. Bis in die Klöster hinein hat sich das Leben verändert durch alles, was man von dieser Botschaft hörte. Überall bilden sich Gebetsgruppen für den Frieden, die weiterhin jeden Tag den Rosenkranz beten. Ich habe in zwölf Diözesen gepredigt, und ich kam nicht umhin, von Medjugorje zu sprechen.

Die Jungfrau hat ein mütterliches Herz und als gute Mutter lädt sie uns ein, mahnt sie uns und drängt uns. Seien wir uns bewußt: Wenn wir uns nicht bekehren, werden furchtbare Dinge mit uns geschehen. In Kibeho haben die Seher einen Fluß aus Blut gesehen: ein furchtbarer Krieg. Er ist eingetreten. Die Jungfrau betet mit uns und für uns.

Befragt über die Intervention des Bischofs von Mostar bei der Synode, bei der er anwesend war, antwortete er:

Sein Wort hat auf der Synode keine große Beachtung gefunden. Was mich betrifft, so glaube ich an Medjugorje, weil ich seine Früchte auf allen Ebenen gesehen hatte: geistige und körperliche Heilungen. Manche rieten mir ab, dorthin zu gehen, und ich antwortete: «Ich gehe dorthin weil man dort betet.» Während dieser Tage hörte ich unablässig Beichte, in Englisch, Italienisch und Französisch. Ich muß zugeben, daß teilweise diese Beichten mir die Wahrheit über Medjugorje bestätigten.

— Würden Sie Ihren Priestern raten, nach Medjugorje zu gehen? fragte man ihn.

— Ich wäre glücklich, wenn sie alle dorthin gingen und die direkte Erfahrung machten. Aber die Reise ist zu kostspielig. Auf jeden Fall stimme ich mit den Vorurteilen und Vorsichtsmaßnahmen weder für mich noch für andere überein. Was heißt es schon, wenn man urteilt, bevor man gesehen hat?

— Können Sie uns als Bischof eine Botschaft geben?

Alle, die dorthin fahren, müssen mit offenem Herzen kommen, ohne auf die Vorurteile anderer zu hören, über das, was sie nicht kennen. Ich bin sehr froh, daß ich hier-

hergekommen bin. Ich lege für Medjugorje Zeugnis ab. (Glas Mira, November 1994, siehe Eco 118, 4a.)

Ebenso sagt Bischof H. Rubeirom de Monteo (Argentinien), befragt von Frater Ivan Landeka, Pfarrer von Medjugorje:

— Ich habe Medjugorje durch seine Botschaften kennengelernt. Als ich sie las, hatte ich den Eindruck einer gesunden Theologie, die in meinen Augen die Nachfolge von Fatima darstellt. Dort hat die heilige Jungfrau schon während des letzten Jahrhunderts ihr Werk begonnen: Rue du Bac, Lourdes, Fatima.

Nach meiner Meinung ist Medjugorje der Gipfel ihres Werkes. Die Königin des Friedens lädt uns dort zur Bekehrung des Herzens an. Da es heute so viel Leid gibt, und besonders in diesem Land, sind Gebet und Sühne sehr notwendig, um zu der Bekehrung zu gelangen, von der sie spricht. Auf jeden Fall habe ich in Medjugorje einen tiefen Geist der Bekehrung gefunden, der an das Gebet und die Buße gebunden ist. (...)

— Was hat Sie selbst dazu veranlaßt, nach Medjugorje zu gehen?

— Ich bin in der Nähe des größten Heiligtums der Jungfrau in Argentinien geboren. Ich bin also in der Atmosphäre einer Marienwallfahrt aufgewachsen. Daher (...) kommt mein Interesse für die geistliche Theologie von Unserer Lieben Frau, ich habe über dieses Thema mein Studienmemorandum geschrieben.

Ein Zeugnis tiefer Überzeugung hat mein persönliches Interesse für Medjugorje angefacht. Ich wurde in Argentinien geboren, bin aber väterlicherseits italienischer Abstammung. In diesen letzten Jahren habe ich meine Familie in Italien kennengelernt. Sie haben mir von der Existenz zweier Vettern erzählt, die ich um keinen Preis besuchen dürfte um Diskussionen und unnötige Auseinandersetzungen zu vermeiden, denn der eine war ein überzeugter Kommunist, der andere ein erklärter

Faschist. Zu meinem Erstaunen erfuhr ich eines Tages, daß sich die beiden Vettern bekehrt hätten und katholisch und eifrige Verehrer der Jungfrau wurden. Als ich sie besuchte, erzählten sie mir, daß sie nach Medjugorje gegangen waren, nicht weil sie sich dafür interessierten, was dort vorgeht, sondern ganz einfach, um ihre Frauen zu begleiten und sich einige Tage auszuruhen. Als sie in Medjugorje ankamen, sind sie auf den Erscheinungsberg gestiegen, und dort sahen sie ein Zeichen, das sie stark geprägt hat. Danach sahen sie auf dem Berg Krizevac ein anderes Zeichen: ein großes Kreuz aus Feuer. Diese Erfahrung hat sie so beeindruckt, daß sie sogleich zum Beten in die Kirche von Medjugorje gingen. Sie haben gebeichtet und sind gläubige Christen geworden. Diese radikale Bekehrung hat mich dazu gebracht, nach Medjugorje zu gehen, um selbst zu sehen, was dort vorgeht und der Jungfrau zu danken.

Monsignore Léonard, Bischof von Namur (ein weiterer Pilger, dessen komplettes Zeugnis man im Anhang findet) schließt klar:

Selbst bin ich 1994 dorthin gegangen, ich bin gekommen ich habe gesehen, ich wurde überzeugt. […] Seitdem versuche ich trotz meines turbulenten Lebens, in jeder Woche einen Tag Zeit zu finden, an dem ich faste. Das kostet mich viel, aber es ist möglich.

Dem schließen sich die Zeugnisse von Bischöfen an, die sich für Medjugorje erklärt haben, ohne daß sie nach Medjugorje gepilgert sind. Kardinal Franjo Kuharic, Vorsitzender der kroatischen Konferenz, hat sein Land am 15. Januar 1992 feierlich Unserer Lieben Frau geweiht unter der Bezeichnung, die sie sich in Medjugorje gab: Unsere Liebe Frau vom Frieden. Er sagte neun Jahre vorher zu David du Plessis, Pfingstler, der sehr offen ist für den Ökumenismus:

— Wie kann man daran zweifeln, daß Medjugorje das Werk Gottes ist, da man jedes Wochenende 50 oder 60 Priester zum Beichtehören braucht! Anfang Mai nahm Medjugorje einen afrikanischen Kardinal auf, Monsignore Emmanuel Wamala (67 Jahre), Erzbischof von Kampala, der Hauptstadt Ugandas, und einen weiteren französischen Bischof, Monsignore Georges Lagrange (65 Jahre), Bischof von Gap. Zuvor war Monsignore Jean Chabbert aus Perpignan dort (sein Zeugnis siehe unten S. 176). Am 20.–21. Mai war es Kardinal Jean Margeot von der Mauritiusinsel, der mir seinen ausgezeichneten Eindruck mitteilte.

— Welche Schwierigkeit sieht man darin? fragte er mich.

Monsignore Couve de Murville, Monsignore Thomas Mc Mahon und Monsignore Ambrose Griffiths, OSB, Bischof von Hexam, 68 Jahre, haben den Seher Ivan Dragicevic 1994 in England empfangen. Monsignore Alibrandi, apostolischer Nuntius in Dublin, soll gesagt haben: «In Medjugorje habe ich einen großen Trost und eine große geistige Hilfe gefunden.»

Die Position des Papstes

Eine Anzahl der nach Medjugorje pilgernden Bischöfe waren dort mit der Zustimmung oder sogar auf den Rat des Papstes hin. Manche haben das bezeugt (DN 9, S. 80-82; 10, S. 95-96; 12, 30; 13, 51). Bei der Gelegenheit einer neueren Reise Pater Slavkos in Südamerika, zögerte der Erzbischof von Asuncion, Monsignore Felipe Santiago Benitez Avalos (68 Jahre), seine Predigt in seinen Kirchen zu erlauben. Man diskutierte darüber unter den Bischöfen von Paraguay. Er wartete mit seiner Entscheidung bis nach dem Adlimina-Besuch der Bischöfe dieses Landes. Er stellte dem Heiligen Vater die Frage:

— Darf ich die Treffen um Medjugorje mit einem Priester dieser Pfarrei erlauben?

— Erlauben Sie alles, was Medjugorje betrifft, antwortete der Papst.

Monsignore Benitez (69 Jahre) gab an die Organisatoren weiter:

— Macht, was Ihr wollt, denn der Papst hat selbst gesagt: Erlauben Sie es!

Die Neuigkeit hat in Südamerika seinen Weg genommen, und die Bischöfe haben die Kirchen und Kathedralen, in den Ländern, die Pater Slavko besuchte, weit geöffnet, um dort die Botschaften Unserer Lieben Frau der großen Menge näherzubringen. Er erhielt nicht den Ratschlag, den man in Frankreich Pater Jozo gegeben hatte: «Sprechen Sie nicht über Medjugorje.» Monsignore Chabbert (74 Jahre), der im Dezember 1994 nach Medjugorje pilgerte, bezeugte bei der Rückkehr: «Persönlich glaube ich an die Erscheinungen von Medjugorje. [...] Ich weiß gewiß, daß der Papst günstig gesinnt ist.

Das bestätigt, was der Papst Monsignore Hnilica privat am 26. März 1984 sagte:

> *Medjugorje ist die Fortsetzung von Fatima. Die Welt hat den Sinn für das Übernatürliche verloren und sie findet ihn in Medjugorje durch das Gebet, das Fasten und die sakramentale Buße wieder. Wenn ich nicht der Papst wäre, wäre ich schon in Medjugorje gewesen.»*

Nach Sœur Emmanuel hat Vicka am 22. März 1995 350 Verwundete und Invalide des kroatischen Krieges nach Rom begleitet, wo der Papst eine Privataudienz für sie reserviert hatte. Sie selbst übersetzte vom Italienischen ins Kroatische.

Und der Papst erkannte sie:

— Bist du nicht Vicka aus Medjugorje?

[Vicka bot ihm dann einen Rosenkranz an und sagte:]

— Sie haben sicher schon genug davon, aber dieser ist ein Besonderer, denn er wurde von der Gospa bei einer Erscheinung gesegnet.

[Der Papst sagte zu ihr:]

— Bitte du die Madonna für mich und ich bete für dich.

[Er segnete sie lange und fügte hinzu:]

— Es wäre besser, wenn wir in mehr Ruhe miteinander reden könnten. Danach führte ihn Vicka zu den Invaliden.

1986 hatte Monsignore Franic Mirjana dem Papst vorgestellt:

— Das ist eine Seherin aus Medjugorje.

— Jeden Tag bete ich, daß man in Medjugorje eine gute Lösung findet, sagte darauf der Papst, wie es dieser Erzbischof bezeugt.

Am 6. April 1995 besuchten der Vizepräsident Radic, Stellvertreter des kroatischen Präsidenten Tudjman, und Kardinal Kuharic aus Zagreb den Hl. Vater (E, 15. April 1995). Es geschah, um ihm für seinen Besuch in Zagreb zu danken. Sie luden ihn ein, im September 1995 die 1700-Jahr-Feier der Gründung der Kirche von Split, der ältesten Kroatiens, mitzufeiern, die damals Wohnsitz der Kaiser war. Der Papst antwortete:

— Ich werde es prüfen und daran denken. Aber in diesem Fall sollen zwei Etappen eingeplant werden: Maria Bistrica (Nationalheiligtum der Gospa) und Medjugorje. (Slobodna Dalmacija, 8. April 1995, S-3, Spalte 2.)

Diese Tatsache wurde mir von Monsignore Franic, Erzbischof von Split, bestätigt, der mir am Donnerstag, den 27. April 1995 im Split auch eine andere erzählte: Im Februar haben die kroatischen Bischöfe den Hl. Vater in Rom getroffen. Im Laufe des Gesprächsaustausches stieß Monsignore Zanic, resignierter Bischof von Mostar, vor:

— Wann werden Sie also, heiligster Vater, nach Sarajevo kommen?

Der Papst antwortete lächelnd:

—Ah! Ich dachte, Sie wollten mich fragen: «Heiligster Vater, wann kommen Sie nach Medjugorje?

— Waren Sie dabei? fragte ich Monsignore Franic.

— Nein, aber einer der Teilnehmer hat es mir bei der Rückkehr aus Rom erzählt.

Monsignore Murilo Sebastião Ramos Krieger (51 Jahre), Bischof von Pontagrossa, Suffragan von Curitiba (Brasilien) hat kürzlich diese Worte des Papstes, datiert vom 1. Februar 1990, erzählt:

— *Medjugorje ist ein Zentrum der Geistlichkeit.*

Sicherlich hat der Papst keine offizielle Position eingenommen, entsprechend der Tradition des Heiligen Stuhls und seinen persönlichen Regierungsrichtlinien, er läßt den Gegnern Medjugorjes volle Freiheit: Aber er ermutigt diejenigen, die günstig gesinnt sind und will in der gegenwärtigen Verwirrung anscheinend deutlichere Zeichen seiner Ermutigung geben:

All dieses versteht sich nach dem Statut von Erscheinungen. Sie sind nicht Sache der Dogmen, sondern der Unterscheidung.

Die Erscheinungen sind vom Statut her Sache der freien Unterscheidung unter dem Stab der Hirten, und diese Zeugnisse beweisen, wie sehr offen diese Freiheit bleibt, was Unsere Liebe Frau von Medjugorje anbelangt.

4. Von Seiten der Gegner Medjugorjes

Negative Entscheidung

Yves Chiron, der mehrere Artikel gegen Medjugorje geschrieben hatte (DN 13, S. 53-57), bereitete also eine Befragung über die Erscheinungen der Jungfrau vor, die soeben im Januar 1995 bei Perrin-Marne erschien. Das Buch hat seine Vorzüge. Yves Chiron hat eine breite Dokumentation angesammelt. Er hat ein beachtenswertes Werk verwirklicht. Es ist offen für das übernatürliche und stellt über an die zehn Erscheinungen rasche Synthesen auf, die im allgemeinen ausgeglichen sind.

Er hat eine Typologie falscher Erscheinungen vorgeschlagen: apokalyptisch, nachahmend, illusorisch, sektiererisch. Das erhellt auch gewisse Aspekte von echten Erscheinungen, die in verschiedenem Maße auch apokalyptisch sein können, und auch nachahmende, sektiererische oder illusorische Aspekte mit sich bringen können, da der Versucher selten das Werk Gottes in Frieden läßt.

Wenn man die Qualitäten des Autors betrachtet, die sich in vier vorhergehenden Werken über moderne Religionsgeschichte niedergeschlagen haben, so muß ich leider sagen, daß man seine Seiten über Medjugorje am kritischsten von allen ansehen muß. In der chronologischen Liste am Ende von etwas weniger als 400 angenommenen Erscheinungen der

Jungfrau, die von 1900 bis 1993 gestaffelt sind, faßt Yves Chiron die Position der Kirche über Medjugorje mit diesen beiden Worten zusammen, die wie ein Fallbeil niederprasseln: «Negative Entscheidung».[1]

Für zehn Erscheinungen (Marienfried, Tre Fontane, Ile Bouchard sind die bekanntesten), gibt Yves Chiron in dicken Lettern an: Kult, um anzuzeigen, daß «der Kult von der Autorität der Diözese erlaubt ist» (S. 407). Diese Erwähnung ist für Medjugorje unterlassen. Dennoch wurde der Kult dort anerkannt, genehmigt und angenommen in offensichtlicherer und formellerer Weise als an den drei angegebenen Orten, auf der Ebene der Bischofskonferenz. Der Bischof von Tours hat niemals auf der Ile Bouchard zelebriert, aber in Medjugorje hat der Bischof, Präsident der Bischofskommission, im Namen aller Bischöfe zelebriert und mehrere, der Ortsbischof mit inbegriffen, sind ihm gefolgt. Die Anerkennung der Wallfahrt von Medjugorje ist also viel verpflichtender: sowohl Taten als auch Texte, wie die der Ile Bouchard, wo am 8. Dezember 1994 der Generalvikar das erste Mal die Jahresmesse gefeiert hat. Es ist also erstaunlich und wenig objektiv, daß die Erwähnung «Kult» nicht auf Medjugorje angewandt wird, wo der Kult durch Handlung und schriftlich anerkannt wurde.

Man ist erstaunt über die grobkörnige Vereinfachung, an der dieser schnelle Katalog leidet: die offizielle Kriteriologie, die 1978 von Kardinal Seper auf diesem Gebiet ausgearbeitet wurde, unterscheidet sehr klar zwei Etappen und zwei Ebenen bezüglich der Anerkennung von Erscheinungen:

---

1 Man fragt sich, wie der Historiker es wagt, diese Aufzählung, wie aufmerksam sie auch sein mag, «Vollständige Liste der Erscheinungen» zu nennen, denn es ist völlig unmöglich, «eine vollständige Liste der Erscheinungen» aufzustellen, aus vielen Gründen: der größte Teil bleibt privat und geheim, und wenn man von diesen absieht, könnte man den 400 Erscheinungen hinzufügen, die man nach diesem offensichtlich unwiderlegbaren Titel erstaunt ist, nirgends zu finden.

— Anerkennung (oder nicht) des Kults, zu der der Ortsbischof aufgefordert ist, sie zum Wohl der Pastoral des ganzen schnell durchzuführen.

— Echtheitserklärung (oder nicht) der Erscheinung selbst, die nur langfristig gemacht werden kann und nicht nötig ist.

Nach dieser Kriteriologie müßte Medjugorje katalogisiert werden nicht als «negative Entscheidung», sondern:

— Kult offiziell angenommen;

— übernatürliche Echtheit wird untersucht.

Diese Fehler, die ein Buch, das anderweitig zu schätzen ist, entstellen, sind aus mehreren Gründen entschuldbar:

1. Die ausschnitthafte Dokumentation des Autors. Er unterläßt es, die wissenschaftlichen Studien über Medjugorje zu zitieren: besonders die Arbeiten auf hoher Ebene von Professor Joyeux und seiner Mannschaft, und die der italienischen Ärzte von der ARPA, der man weitere Tests verdankt. Sie haben medizinische Erstlingswerke auf dem Gebiet der Ekstase ausgearbeitet, die Schule machten und das wissenschaftliche Studium der Frage völlig erneuert haben. Alle Ergebnisse sind vollkommen positiv.

Yves Chiron scheint auch die bemerkenswerten Erfahrungen der wissenschaftlichen Kommission von Professor Korljan nicht zu kennen, dessen Name in seinem Buch nicht einmal zitiert wird (siehe oben S. 48) und ebensowenig die Arbeiten von Professor Spaziante. Außerdem ist eine seiner beiden Hauptquellen, die er in den Vordergrund stellt, das Buch, das beim Verlag der Gegenreform herausgekommen ist (eine Gemeinschaft, die von der Kirche mißbilligt wird), und zu dem sein Gründer, ein bemerkenswerter Mann, aber *suspensus a divinis*, das Vorwort schrieb. Pater Michel de la Trinité hat die Gegenreform verlassen, und seine Dokumentation und sein Manuskript «unvollendet» gelassen, wie es Seite 4 des Einbands zugibt. Also wurde Frater Augustin vom hl. Erlöser mit der Endredaktion beauftragt (S. VIII). Weder der

Autor noch der Redakteur haben sich jemals nach Medjugorje begeben und die Seher getroffen. Das ist eine bücherne Studie, die bis zum dokumentarischen Mülleimer hinuntergeschöpft hat, um daraus den letzten Klatsch zusammenzutragen oder zurechtzuschneiden, der Medjugorje entstellen könnte. Über diesen Punkt kann ich Yves Chiron und seine Leser nur an die Kritiker dieser Arbeiten verweisen (DN 10, 42-62; DN 11, 57-59; 7, S. 23-32; 8, 35; 9, 33), die seine Bibliographie nicht kennt.

Ich bin sicherlich dem Autor dankbar, daß er mich auf sechs Seiten seines Buches zitiert hat, darin inbegriffen die beiden Erwähnungen in der Bibliographie, S. 418 und S. 421. Aber ich finde darin nur drei von 19 dokumentarischen Werken, die ich über Medjugorje geschrieben habe. Diese Auswahl der Quellen entschuldigt das Schweigen Yves Chirons über die meisten positiven Aspekte des Ereignisses. Er unterläßt es besonders zu sagen, daß im April 1986, als Monsignore Zanic sein negatives Urteil Kardinal Ratzinger vorbrachte, dieses Urteil zurückgewiesen wurde. Der Bischof wurde aufgefordert, seine Kommission aufzulösen und die Zuständigkeit wurde der Bischofskonferenz übertragen.

Ein weiteres Erstaunen: die Bibliographie von Yves Chiron unterläßt es, die bemerkenswerten Arbeiten von Bernard Billet zu zitieren, der für alle Spezialisten die Kastanien aus dem Feuer geholt hat, indem er eine Liste von annähernd 300 angenommenen Erscheinungen von 1932 bis 1980 aufstellt.

«Die Tatsache der von der Kirche nicht anerkannten Erscheinungen» in *Vraies et fausses apparitions dans l'Eglise* (Wahre und falsche Erscheinungen in der Kirche) (S. 9-19: 210 Erscheinungen von 1928 bis 1971).

— Erscheinungen und Manifestationen der Jungfrau Maria im 20. Jahrhundert, in Kecharitomene: Mélanges Laurentin, Paris 1990, S. 339-349, «wo er besonders zwölf Erscheinungen bezeichnet, die von 1947 bis 1971 nicht erwähnt wurden, und 30 Erscheinungen nach dem Zeitraum 1973 bis 1986.

Dom Bernard Billet hatte mir mitgeteilt, daß ein Historiker mit Namen Yves Chiron zum Dokumentieren acht Tage in seine Abtei nach Tournay gekommen war, und daß er ihm (großzügig nach seiner Gewohnheit) seine Dokumentation zur Verfügung stellte, darin inbegriffen die beiden zitierten Artikel. Warum stehen sie also nicht auf der reichlichen Bibliographie, die nur die Marianischen Anmerkungen zum Geist des Lebens (S. 414) und die Monographie über die Erscheinungen von St. Bauzille, S. 419, kennt, trotz der Erwähnung von drei minderen Artikeln von Dom Bernard Billet, S. 6, 64, 65, 145, 156, 390? Dieses Schweigen, das im Gegensatz steht zur universitären Berufspflichtenlehre, sollte wiedergutgemacht werden.

2. Yves Chiron hat eine zweite und bessere Entschuldigung: Während seiner kurzen und einzigen Reise nach Medjugorje hatte er den neuen Bischof von Mostar besucht, der ihn in seinem Kampf gewann, eine einseitig negative Interpretation der Tatsachen und Entscheidungen zu verbreiten. Es ist also möglich, daß ihm die Zukunft offiziell Recht gibt. Ich spreche nicht ironisch. Das hier ist ein schwieriger Gewissensfall. Das war es auch bei mir bei meinem ersten Besuch bei Monsignore Zanic, von dem man zu mir sagte, daß er den Erscheinungen gegenüber günstig gesinnt ist. Bei meinem ersten Besuch teilte er mir seine radikale Gegnerschaft mit. Ich nahm seine Einwürfe und Schwierigkeiten an, aber nachdem ich sie ehrlich untersucht hatte, mußte ich ihre Schwäche begreifen, ihre leidenschaftlichen Seiten und ihre Unstimmigkeiten, ebenso wie die systematische Verdunkelung aller positiven Elemente. Ich habe es in meinem Gewissen dann nützlich gefunden, die Objektivität auf diesem Gebiet wiederherzustellen, das für die christliche Freiheit offen ist, die kein leeres Wort in der Kirche ist. Ich sah darin die Pflicht zur Hilfe für

gefährdete Personen, denn die Seher, die Pfarrei und die schon zahlreichen Bekehrten, die von der kommunistischen Regierung und vom Bischof von zwei Seiten her angegriffen sind, sollten nicht sich selbst überlassen werden. Manchmal muß man der Macht helfen, daß sie sich nicht von der Wahrheit entfernt.

Wenn ich den Bischof Couchon zur Zeit des Prozesses der Jeanne d'Arc besucht hätte, hätte ich zweifellos dieselbe Mißstimmung gefühlt, und ich hätte offiziell unrecht gehabt, denn Couchon war einer der aufgeklärtesten Bischöfe seiner Zeit, wenn nicht der aufgeklärteste: ehemaliger Rektor der Sorbonne! Und Jeanne d'Arc wurde durch ein vollkommen reguläres kirchliches Tribunal auf den Schreiterhaufen geschickt, gebildet von den Spitzen der Epoche. Christus wurde auch durch das reguläre Urteil der Vollversammlung des Synedriums verurteilt, vorbereitet durch ein Erscheinen vor Hannas, der grauen Eminenz. Daß sich Jesus zum Gott erklärt, war juristisch unannehmbar, wie es Madame Genot-Bismuth, Professorin an der Sorbonne, aufgezeigt hat. Mit allen Formen des Rechts wurde Jeanne d'Arc als Hexe und rückfällige Ketzerin verurteilt. Ich konnte die Liste verlängern. Wenn weder Jesus noch Jeanne d'Arc vor der bornierten Justiz der Menschen bewahrt blieben, ist es nicht unmöglich, daß die mächtigen Aktionen, die gegen Medjugorje ausgeführt werden, eines Tages offiziell triumphieren.

Zur gegenwärtigen Stunde, wo nichts die Freiheit des Ausdrucks untersagt, glaube ich sagen zu müssen (außer einem neuen Element und unvorhersehbarer Entgleisungen, die immer auftreten können), daß das ein neuer historischer und geistiger Irrtum wäre, wie sie schon vorgekommen sind. Wenn das eintritt, werde ich sehen, welche Partei man ergreifen muß, in wahrer Ordnung und Gehorsam zur Kirche, auf der Linie der großen Beispiele, die oben zitiert wurden.

Diese Kritik der Seiten Yves Chirons über Medjugorje will nicht das Lob in Frage stellen, das ich anfangs über das Buch als Ganzes ausgesprochen habe, von dem Medjugorje nur den 30. Teil der Seiten einnimmt: 14 auf 430.

Yves Chiron bestätigt, daß Monsignore Zanic ihn dafür eingenommen hat, das zweideutige Dokument in der Presse veröffentlichen zu lassen, das die jugoslawischen Bischofskonferenz entschieden hatte, nicht zu veröffentlichen (und schließlich erst veröffentlichte, nachdem es darin sorgfältig gewisse Zweideutigkeiten korrigiert hat. Ich weiß nicht, warum er diesen Text «einen Bericht» nennt (diese verwirrte Erklärung hatte nichts von einem informativen Bericht an sich) noch warum er diesen bischöflichen Text vom 10. April 1991 «gänzlich negativ» nennt. Und warum sagt er, daß der Bischof im März 1990 dieses Dokument der Öffentlichkeit darbot…, das erst am 27., 28. folgenden Novembers ausgearbeitet wurde und noch nicht existierte und dessen wilde Veröffentlichung durch die Agentur Asca vom 2. Januar 1991 datiert? Hat Chiron vielleicht mehr Recht, wenn er genauer sagt, daß Monsignore Zanic selbst es bekanntgab, wozu er auch das Recht hatte, gegen die Entscheidung, die der vorsitzende Kardinal und die jugoslawische Bischofskonferenz gefällt hatten? Ich weiß es nicht.

Wenn man Partei ergriffen hat, in welch gutem Glauben auch immer, so geht das niemals ohne Zwischenfälle, die dieses Werk entstellen und die, wie ich hoffe, in einer weiteren Ausgabe verbessert werden.

Amerikanische Pfeile

Muß man von dem neuen Artikel in der amerikanischen Revue *Fidelity* von Michael Y. Maza sprechen: *The conversion of Jim Jennings* (Die Bekehrung von Jim Jennings), Mai 1994, 18-28? Er verlängert die unablässige Kampagne dieser Revue gegen Medjugorje: Ihr Direktor hatte vor langer Zeit eine Wallfahrt nach Medjugorje gemacht. Er hatte das Fasten versucht, aber darunter gelitten... Seither sieht er Medjugorje in den Farben seiner Erfahrung, sagt man in Amerika.

Der neue Artikel ist ein nicht endenwollender Bericht, gespickt mit Pointen, gegen die Unterstützer von Medjugorje. Er beinhaltet dieses: Jim Joseph Jennings, ein Krimineller, hatte 18 Jahre im Gefängnis wegen 4 Verurteilungen verbracht. Er macht darin, so sagte er, 1988 eine tiefe Bekehrung durch. Verlegt ins Gefängnis von New Jersey, wo Gefangene, die von den Botschaften von Medjugorje bekehrt wurden, regelmäßig den Rosenkranz beten, trat er in die Bewegung ein. Als er am 17. Dezember 1990 das Gefängnis verließ, legte er Zeugnis ab von seiner Bekehrung und wurde in den zahlreichen amerikanischen Medjugorjekreisen brüderlich aufgenommen..., aber fiel bald in seine Verirrungen zurück: Sex, Drogen, bewaffneter Raubüberfall von 2000 Dollar bei Denis Nolan, der ihn aufgenommen hatte: *Fidelity* (1994, N. 8) widmet dieser bedauerlichen und wenig erbaulichen Angelegenheit 21 Seiten mit 2 Spalten von mehr als 50 Linien und jede mehr als 50 Buchstaben pro Linie, das macht mehr als 100000 Buchstaben mit angriffslustiger Genauigkeit.

Aber was beweist das? Eine Konversion ist ja nicht unfehlbar! Man kann sich wieder lösen von der Bekehrung (und glücklicherweise sich neu bekehren). Als ich Jim in den Tagen, die seiner Entlassung folgten, in Notre-Dame (Indiana, USA) traf, hatte ich den Eindruck einer schwachen, aber aufrechten Persönlichkeit. Die bewegende Erzählung seiner Bekehrung, die er mehr als einmal vor verdienstvollem christlichem Publikum gemacht hatte, hatte ihn berauscht. Sein Erfolg hatte seine hungrigen oder perversen Instinkten mehr als seinen Glauben angeregt. «Macht verdirbt», sagt man. Das Startum ebenso.

In den letzten Jahren haben die Amerikaner gelernt, sich dagegen zu verteidigen. Gute Christen haben anderen

Bekehrte davon abgeraten, sich auf den fallenreichen Weg des Zeugnisgebens einzulassen. Aber das betrifft nicht die Echtheit von Medjugorje. Ich kenne genug tiefe und dauerhafte Bekehrungen, die von sehr weit her nach Medjugorje kamen, sodaß mich eine Loslösung von der Bekehrung nicht erstaunt. Ich bin im Gegenteil verwundert, daß es nicht mehr davon gibt, wie ich es in anderen Fällen gesehen habe.

Der stärkste Einwand gegen Medjugorje

Der stärkste Einwand der Gegner gegen Medjugorje war die offensichtlich zuteilwerdenlassende Unterstützung der Seher für zwei junge Franziskaner aus Mostar: Frater Ivan Prusina und Ivica Vego, die aus dem Franziskanerorden ausgeschlossen sind, von ihren Gelübden entbunden und *suspensus a divinis,* weil sie ihr Priestertum bei Einwohnern von Mostar ausübten, die der franziskanischen Jurisdiktion entzogen sind.

Monsignore Zanic zitierte die Antwort Marijas auf diese Frage von Pater Grafenauer:

— Hat die Jungfrau gesagt, daß Vego und Prusina nicht schuldig sind?

— Ja, hatte Marija geantwortet.

Darüber triumphierte der Bischof mit Recht. Die Jungfrau konnte die nicht freisprechen, die der Bischof und der Hl. Stuhl verdammten. Monsignore Zanic fügte hinzu (und die Gegenreform bestand auf diesem Punkt): «Das wußten der Erzbischof Franic, R. Laurentin und viele andere, aber sie schwiegen.»

Nein, ich schwieg nicht, obwohl diese unglückliche Unstimmigkeit in Medjugorje äußerlich ist. Einigemale habe ich diesen schmerzhaften Fall für alle behandelt (den Bischof und die Franziskaner): genauestens in *Messages et Pédagogie de Marie à Medjugorje*, Paris 1988, S. 319-338. Ich wies auf diesen ernsthaften Einwand bin, ohne mir zu erlauben, die

Seher zu rechtfertigen. Ich bedauerte, daß sie die Jungfrau mit dieser Kirchturmpolitik in Verbindung gebracht hatten, die für die Erscheinung ohne Belang ist. Und ich zitierte einschließend den Einwand des Bischofs in DN 9, S. 155-156. Die Nützlichkeit meiner Information ist, daß sie nichts verbirgt, wie manche es mir vorwerfen, von rechts und von links im Namen ihrer Konventionen und ihres Beliebens. Ich habe in Medjugorje die beiden Brüder Ivan und Ivica getroffen, denn sie kamen oft als flehende Pilger, um die Jungfrau zu bitten, diesen unentwirrbaren Konflikt zu lösen, der sie der Ausübung ihres Priesteramtes beraubte. Das Einschreiten von Monsignore Franic bei Monsignore Zanic konnte die Situation nicht entspannen. Die beiden Brüder wiederholen:

— Wir sind bereit zu gehorchen und aus der Diözese zu verschwinden, aber nur wenn wir angehört und verurteilt worden sind, denn wir sind Opfer einer unregelmäßigen Verwaltungsmaßnahme, ohne angehört und beurteilt worden zu sein.

Sagen wir zur Entlastung des Bischofs, daß, wenn diese Maßnahme auf sein Verlangen hin getroffen wurde, es formell durch den Franziskanerorden und eine römische Kongregation ausgesprochen wurde auf Anweisung eines sehr hohen Funktionärs der Kirche, der die höhere Autorität geltend macht (eine Formel, die gleichfalls den Papst bezeichnet). Die am 29. Januar 1982 verurteilten Brüder appellierten am 18. Februar beim Franziskanerorden. Da sie ohne Antwort blieben, appellierten sie drei Jahre später bei der Ordenskongregation, am 18. Februar 1985, ohne mehr Erfolg zu haben. Ebenso appellieren sie am folgenden 2. September vor dem obersten Gerichtshof der Kirche: dem Tribunal der Apostolischen Signatur.

Der Appell wurde angenommen. Der Prozeß hatte begonnen, aber der Bevollmächtigte, der sie aufgefordert hatte bei den zwei anderen Instanzen, die Strafe auf dem Verwaltungsweg (ohne Urteil) anzunehmen, hatte den Lauf der obersten Justiz angehalten. Außerdem wurde er am 1. Juli 1988 zum Präfekt dieses obersten Tribunals der Apostolischen Signatur ernannt, dessen Funktionieren er durch Verwaltungsdruck anhielt.

Wenn die autonome Ausübung der Judikativen gehindert wird durch die Regierungsgewalt, ist es immer ein schwerer Skandal, im Staat wie in der Kirche. Für die zwei Brüder war es ein Schock, ein Kummer und ein Einsturz, um so mehr als sich die Verfolgungen gegen sie verstärkten.

Ivica verzichtete auf das Gelübde der Keuschheit, von dem er durch die Sanktion entbunden war und auf sein Priestertum, das ihm sieben Jahre lang auszuüben verboten war (genauere Angaben in DN 13, S. 49).

— Ivan folgte zum Schlimmeren: Er verließ die Diözese, wie man seit so vielen Jahren von ihm verlangte. Er und sein Provinzial hatten gedacht, daß dieser Akt des guten Willens ihm erlauben würde, sein Amt im Franziskanerkloster einer Nachbardiözese aufzunehmen. Aber Monsignore Zanic trat beim Ortsbischof dringend dafür ein, daß die Strafe der *Suspens* bliebe und diesem Priester jedes priesterliche Amt untersagte. Er fand keine andere Lösung als nach Amerika auszuwandern.

Nicht weniger verärgert waren die Richter des Obersten Tribunals, verletzt in ihrem Berufs- und moralischen Gewissen. Erfuhr es durch sie der Papst? Ab dem 24. Mai 1991 versetzte er den Kardinalpräfekten der Apostolischen Signatur in eine andere Kongregation, und von da an nahm der Prozeß seinen Verlauf nach fünf Jahren Unterbrechung.

Am 27. März 1993 (Nr. 17907/86 CA) erkannte das oberste Tribunal an, daß die Strafe, die über die beiden Brüder am 2. Januar 1983 verhängt wurde, im Gegensatz stand zum Recht der Kirche, und also hinfällig, ebenso wie ihr Ausschluß aus dem Franziskanerorden und die Strafe der *Suspens*, die ihnen die Ausübung ihres Priestertums untersagte. Ivan Prusina ist also befreit von den mißbräuchlichen Sanktionen, die ihn trafen, und nach 13 Jahren höchster Not gerechtfertigt. Während des Verlaufs dieser Angelegenheit konnte ich nur ziemlich versteckt davon sprechen. Nach der Wiederaufnahme des Verlaufs der Justiz, die durch den Papst, der besser informiert worden war, wieder in Gang gebracht wurde, konnte ich voriges Jahr das Ende dieses Skandals ankündigen, der so viele Christen unter dem Titel: *Eine wiedergutgemachte Ungerechtigkeit* beunruhigte (DN 13, S. 47-50).

Meine einzige Schwierigkeit zur Klarheit der Information ist, daß dieses erbauliche Urteil mit einer Notiz versehen ist, die die Veröffentlichung untersagt. Aber sie hat einen öffentlichen Charakter, wie jede offizielle Entscheidung der obersten Justiz. Nichts verbietet es also, ihre Schlüsse bekanntzu machen, wenn man die Anonymität der Personen respektiert, die in diesen Mißbrauch verwickelt waren, deren hohes und im übrigen ehrenwertes Ansehen es zu schützen gilt.

Möge diese Lektion der obersten Justiz dem Mißbrauch ein Ende setzen, der dem Glauben, der Gerechtigkeit und dem Frieden schadet. Das ist einer der Gründe, warum Unsere Liebe Frau von Medjugorje, die von Monsignore Franic angenommen wurde, zur Barmherzigkeit einlädt, ohne die es keinen Ausgang gibt, weder für den Streit in der Herzegowina (gegen die Franziskaner), noch für die Wallfahrt von Medjugorje, die gelitten hat und noch leidet an den eitlen Streitigkeiten und dem Mißbrauch der Gewalt, zu dem sie anregen.

Am klarsten ist die Erklärung der Seherin Marija im Namen der Jungfrau: Ivica Vego und Ivan Prusina sind nicht schuldig, und sie findet sich gegen jede Erwartung von der höchsten richterlichen Gewalt der Kirche bestätigt, mit der Unterschrift von sechs Kardinälen, der obersten Richter, die mit päpstlicher Autorität handeln.

Möge Johannes Paul II. nicht mehr gehindert werden in seiner Sorge, Frieden und Gerechtigkeit in der Diözese von Mostar und in Medjugorje wiederherzustellen.

5. Geistige Früchte

Dieses Kapitel, das wichtiger ist als es scheint, will so gut es möglich ist, das breite Inventar geistiger Früchte Medjugorjes darstellen, die die Zeugnisse (S. 96) und die Dokumente im Anhang aufzeigen werden.

Der Heilige Geist, «die lebendige Quelle, die aus dem tiefsten Herzen sprudelt» (Joh 4,14; 7,38) treibt in Medjugorje zu einer zusammenhängenden Dynamik, deren verschiedene Formen der Kreativität das Feld der christlichen Werte breit abdecken: vom Gebet zu den verschiedenen Formen der Nächstenliebe: Evangelisierung, humanitäre Hilfe, Schaffung von lebendigen Gemeinschaften, die die Jungen, die Alten, das mittlere Alter berühren, das für das Geistige oft weniger offen ist, weil es zu stark in Anspruch genommen wird von seiner Aufbauarbeit: sowohl in familiärer als auch beruflicher Hinsicht.

Das steht im Gegensatz zu so vielen nur humanen Institutionen, die am Ende ihrer Kraft sind, und sich durch einen unfruchtbaren und bezüglich des Glaubens nebensächlichen Aktivismus erneuern möchten. Richten wir also das Augenmerk auf den Fächer der Früchte, die bleiben und sich vertiefen, gemäß dem Plan der vorhergehenden Bände.

1. Die Pfarrei

Medjugorje ist eine traditionelle Pfarrei, die Unsere Liebe Frau und der Heilige Geist im Juni – Juli 1981 bekehrt und tief inspiriert haben. Alles ist von da ausgegangen. Und während drei bis vier Jahren wurde sie in der Erprobung unter der doppelten Opposition der kommunistischen und kirchlichen Autorität eine Art inspiriertes Laienkloster. Mehr als die Hälfte der Pfarrei ging jeden Tag zur Messe, betete ihren Rosenkranz, oft in der Familie, fastete zweimal in der Woche usw.

Es kam die Zeit der Mengen, der Aufnahme, wofür die Pfarrangehörigen mit ihrem Erfindungsgeist und ihren kroatischen Talenten Familienpensionen nach dem Ausmaß des Zustroms zu bauen begannen. Die Mystik, die keineswegs verleugnet wurde, wurde mit Aktivität vermengt.

Die überlasteten Priester waren also hin- und hergerissen zwischen dieser beschränkten Pfarrei und der unablässig wachsenden Wallfahrt: die internationalste vielleicht mit Lourdes und der Rue du Bac, trotz seines schwierigen Zugangs. Sie führten sie mit den äußersten Mitteln. Jeder Bau, jede äußere Einrichtung war durch die kommunistische Regierung untersagt, die die Pfarrschule angezündet hatte. Sie hatten ihre liebe Not, dem nachzukommen, so viel sie es nach franziskanischer Tradition wollten, was den Kontakt mit jedem Einzelnen, den Besuch der Familien, der Kranken und den unzähligen Aufgaben eines Pfarrers betrifft, die an die Aufgaben von Müttern von vielköpfigen Familien denken lassen.

Unter dem Schock des Bürgerkriegs taten die Priester in der Leere des tragischen Jahres ihr Möglichstes, bei heftigstem Krieg, um mit gegenseitiger Hilfe die örtlichen geistigen Aktivitäten wiederaufzunehmen, zu intensivieren und zu entwikkeln, die unter der Überlastung gelitten hatten. Die Pfarrei erwachte wieder. Sie nahm einen zweiten Anlauf, der anhält.

Das ist wichtig, denn dieser gesegnete Ort bleibt die Grundlage der Pläne und Botschaften Unserer Lieben Frau für die Besucher eines Tages oder einer Woche. Als Beispiel sagte Monsignore Léonard, Bischof von Namur, seinen Diözesankindern, wie sein Gastgeber 1994 in Medjugorje ihm das Freitagsfasten gelernt hatte, das von Unserer Lieben Frau gefordert wird. Nachdem er es angenommen hatte, empfiehlt er es jetzt seinen Diözesankindern, indem er einfach die Anstrengung anerkannt, die es ihn gekostet hat, um sein überaktives Leben daran anzugleichen (siehe unten S. 179).

Nur für die Kroaten brauchte man täglich drei bis sechs Beichtväter, jeden Tag. Jedes Wochenende viel mehr. Für die Feste brauchte man 30 bis 50 (35 für Mariä Verkündigung 1995). Dazu kommen in größerer Zahl die Pilgerbeichtväter der verschiedenen Wallfahrten hinzu.

Der Krieg hat die Geschäftsleute verschwinden lassen, die von überallher kamen, um ihre Geschäfte und Hotels zu bauen, und Medjugorje hat mehr seine geistliche Einheitlichkeit wiedergefunden. Die Pfarrei hat ihr Gebet wieder verstärkt. Die kroatischen Wallfahrten strömen zahlreicher.

> *Ich kenne mehrere von ihnen, die während der Fastenzeit 40 Tage bei Wasser und Brot fasten (kräftige Bauern). Und der Kreuzweg wird von der ganzen Pfarrei zweimal in der Woche nach der Messe gebetet. Mehrere Seher gehen jeden Tag lange zum Gebet auf den Berg, schreibt Sœur Emmanuel (E 15. März 1995).*

Die Seher, die sich immer mehr wieder in Medjugorje und dem Flecken Biakovici konzentrieren, wo alle geboren sind, und wo die Häuser von drei von ihnen sich berühren, legen weiterhin Zeugnis ab, jeder nach seinem Temperament und seiner Verfügbarkeit (siehe oben Kapitel 2, S. 17, und Chronologie, S. 195). Die Pilger besuchen sie. Das ist keine Attraktion, sondern eine der Quellen der geistlichen Wiederbelebung und der Rückkehr zum einfachen Glauben, in direktem Kontakt mit Gott, was eine der Gnaden Medjugorjes ist.

Die ehemaligen Pfarrer und geistlichen Führer der Pfarrei: Jozo Zovko, Tomislav Vlasic, Slavko Barbaric, Leonard Orec, sind reich an großen humanitären und geistlichen Plänen, von denen wir schon in DN 13 gesprochen haben. All dieses entwickelt sich: Hilfe für die Waisen und Kranken, Kinderdörfer, Prothesen, wie es später weiter ausgebreitet wird (9. Soziale Dimensionen, S. 85).

Zahlreiche Zusammenarbeit hat sich auf diesem Ort der Gnade zusammengeballt, denn das Geistige, das zuselten ist in der Kirche von heute, zieht die geistig Ausgerichteten an. Das ist nicht immer leicht, denn es erfordert eine Auswahl. Manche Priester und Laien, die von Medjugorje fasziniert waren, waren es nicht, ohne Probleme zu schaffen, die mit Geduld und Fingerspitzengefühl geregelt wurden, wenn es nötig war. Das hält die Gegenwart verdienter Personen am Ort nötig, unter anderen Milona von Habsburg, die ihre volle Zeit dem Dienste Pater Slavkos widmet, als einfache vielsprachige Sekretärin, obwohl sie blutmäßig eine Prinzessin ist. Sœur Emmanuel und ihre Gemeinschaft der Seligpreisungen, die die Liturgie beleben und einen anregenden geistigen Unterricht geben, der bereichert wird durch verschiedene Ausgaben (Diakonia Service, F-35750 Iffendic, Frankreich), ohne von ihren Konferenztourneen in Frankreich und im Ausland zu reden (siehe Chronologie).

Zentren der humanitären Hilfe haben sich in Medjugorje niedergelassen: Oase des Friedens im Krieg, deren Großzügigkeit in Harmonie mit dem Ganzen strahlt (DN 13, S. 91-95; 135-138).

Diese Initiativen werden oft auf die Probe gestellt. Philippe Duval, ehemaliger Bauer, hatte sein Leben der Hilfe der Flüchtlinge gewidmet und führte sie zu Wallfahrten nach Medjugorje (DN 13, S. 58) und mußte aufgeben, wegen der

Widersprüche, die ihn, wie alle Propheten, zur verletzlichen Zielscheibe der Kräfte machten. Vergessen wir nicht, daß dieser Ort des Friedens ein Hafen oder Zufluchtsort wurde, nicht nur für Opfer und Flüchtlinge aller Art, sondern auch für die Soldaten der UNO und alle möglichen Verhandlungen, manchmal auf hoher Ebene.

2. Pilger

Die Wiederaufnahme der Wallfahrten zeichnet sich weiterhin deutlich ab dank der Sicherheit der Wege, die durch Split und die kroatischen Straßen der dalmatinischen Küste wiedergewonnen wurden. Sie wird aufrechterhalten und unablässig erweitert durch die unzähligen Gebets- und Aktionszentren, die sich in der ganzen Welt gebildet haben, und bei der Rückkehr von der Reise die Früchte am Leben erhalten.

Der Krieg hatte die Wallfahrten einige Monate angehalten, der falsche Gefahrenalarm hat manchmal einen Verzicht hervorgerufen. Man holt nach und nach wieder auf. Die Pilgerfahrten sind wieder auf 40 oder 50% des Jahres 1990 gestiegen, das der Gipfel des Wachstums war. Man hatte mehr als eine Million Kommunionen dieses und das vorhergehende Jahr gezählt; schon 98 000 im August 1994, das ist kaum die Hälfte weniger (verglichen mit dem ganzen Jahr).

3. Jugendfestival

Einer der starken Punkte ist das Jugendfestival, das 1989 gegründet wurde (DN 9, 178). Es hat dieses Jahr am gewöhnlichen Datum stattgefunden: 31. Juli bis 6. August. Es waren 2000, darunter viele Slovaken.

Man muß glücklich darüber sein zu einer Zeit, wo die Jungen, die der Augapfel und die größte Investition der kirchlichen vorkonziliaren Pastoral waren, sehr vernachlässigt sind, was Glauben und Sitten anbelangt.

Das Jungendfestival ist eine tiefgehende Schule, es entspricht dem Hunger nach Gebet und Selbsthingabe, der der jungen Generation innewohnt: sie hat Zeit und wird vernachlässigt. Denn man glaubt, ihr zu dienen, indem man ihren geringsten und unmittelbarsten Neigungen schmeichelt. Diese bemerkenswerte Jugend ist geistig unterernährt, sie hat Sinn für Solidarität, aber sie braucht die Wahrheit und Disziplin, um ihr Leben aufzubauen anders als zu abwechselnden, bis zum Äußersten erdrückenden Studien und befreienden Abreaktionen. Sie suchen keine äußere Regel, sondern eine innere Anregung, die ihre Energien leitet, um eine Zukunft aufzubauen und den Frieden zu finden. Es fehlt ihnen mehr als ein Ideal, sondern eine Verwurzelung in Gott, die ihre Werte sich entwickeln läßt, motiviert und ins Gleichgewicht bringt. Sie suchen den Materialismus der Erwachsenen zu überwinden, durch die Entdeckung einer wahren Liebe, jenseits einer sexuellen Erziehung, die oft nur auf das Präservativ oder erotische Vergnügen beschränkt war, losgelöst von der Liebe. Sœur Emmanuel, die an diesem Festival, das von Slavko organisiert war, teilnahm, gab ihre Eindrücke kund, die mit den vorbereitenden Worten beginnen:

> *Vor dem Jugendfestival hatte ich die Freude, einige Botschaften von Medjugorje 600 jungen Leuten erklären zu können, anläßlich einer Versammlung in Frankreich. Sie waren ganz Aug und Ohr. Wir müssen niemals Angst davor haben, ihnen die Wahrheit zu sagen: die ganze Wahrheit, wie sie uns die Gospa zeigt.*
>
> *Die große Frage für die Jungen bleibt ihre Zukunft. Ich habe oft gehört, wie Vicka auf diese Frage geantwortet hat, indem sie ganz einfach das zitierte, was die Gospa sie lehrte:*
>
> *— Im täglichen Gebet werdet ihr beginnen, Gott zu hören, der zu euren Herzen spricht. Man muß lernen, seine Stimme im Herzen zu hören. Gott will immer mit euch reden. Das Gebet ist ein Gespräch mit ihm. Er*

möchte euch unablässig zeigen, was er von euch erwartet und euch seinen Willen kundtun. Dafür betet jeden Tag mit dem Herzen. Wenn ihr nicht betet, könnt ihr eure Berufung nicht verstehen.

Durch diese Worte rettet man Menschenleben, denn so viele sind bedroht oder zerstört, weil sie zur Wahrsagerei unter allen ihren Formen Zuflucht genommen haben: Kartenlegen, Astrologie, Spiritismus und okkulte Wissenschaften, die alle Täuschungen Satans sind, die er unserer unruhigen Welt vorschlägt (Dt 18, 9-12; E 1. August 1994).

Diese Abtrift der unruhigen Jugend in die Finsternisse des Okkultismus ist Sœur Emmanuel nicht entgangen. Dieses unbekannte Phänomen berührt mehr als 10% der Jugend.

Was das Festival selbst anbelangte, so gab Sœur Emmanuel davon den besten Bericht:

Es war eine starke Zeit. Eine schöne Anzahl der Jungen konnte ein strahlendes und lebhaftes Bild von der Kirche aufnehmen und dabei die wahre christliche Sicht von der Familie entdecken, so wie sie uns die Jungfrau in ihrer Schönheit und Größe beschreibt, und nicht, wie die Welt sie uns einreden möchte, durch ihre antichristlichen und lebensfeindlichen Gesetze.

Mirjana hatte gerade ihr monatliches Treffen mit der Jungfrau, am 2. August, als sie sich an die 2000 Jugendlichen wandte, die anwesend waren. Als Verheiratete und Mutter von zwei Kindern gab man ihrem Zeugnis eine große Beachtung. Sie unterstrich vor allem, daß jede Familie zuerst unseren himmlischen Vater als Vater annehmen muß, und als Mutter unsere Mutter Maria. Die Kinder müssen sich dessen bewußt sein.

Sie überbrachte diesen Appell der Jungfrau: «Die Eltern sollten nichts von ihren Kindern verlangen, wofür sie nicht selbst ein Zeugnis geben. Sie rief die Wichtigkeit in Erinnerung, Gott an die erste Stelle in der Familie zu stellen: «Das

Kind soll wissen, daß die Messe ein wichtiger Teil des Lebens ist, und daß es dabei willkommen ist.» Sie wiederholte, wie sehr vorrangig das Gebet für die Ungläubigen sein muß, denn «wenn ihr für die Ungläubigen betet, arbeitet ihr für die Zukunft eurer Kinder, für ihre Sicherheit».

Ivan sprach von der vorrangigen Wichtigkeit der Familienzelle für das Wachstum des Kindes. «Die Eltern sollen sich für ihre Kinder Zeit nehmen, um ihnen zuzuhören, um in Frieden mit ihnen zu reden.» Die Gospa sagt zu uns: «Das Gebet in der Familie ist das Heilmittel für die Jugend, das Heilmittel für die Welt. Eure erste Gebetsgruppe ist die Familie. Beginnt die Menschen eurers eigenen Hauses zu lieben.»

Ivan sprach auch von seiner eigenen Gebetsgruppe und von dem, was die Jungfrau für alle Gruppen wünscht, die zu diesem Zweck gebildet wurden: «Kommt nicht nur, um den Rosenkranz zusammen zu beten und dann gleich wieder fortzugehen, so sagt er. Nehmt euch auch Zeit, um euch kennenzulernen, damit eine wirkliche Liebe sich zwischen den Mitgliedern entwickelt. Trefft euch zu Ausflügen, zu gemeinsamen Aktivitäten.» Vicka wiederholt schon jahrelang beinahe Wort für Wort das Gleiche für die Pilger. Sie besteht auf einem anderen Thema: Die Jungfrau mahnt inständig, für den Papst, die Bischöfe und die ganze Kirche zu beten (E, 15. August 1994).

Am 5. August, vorletzter Tag des Festivals, feiert Medjugorje in intimer, aber herzlicher Weise den Geburtstag der Jungfrau, seit 1984 infolge einer Botschaft, die Jelena erhalten hat: 1994 feierte man also 2000 Jahre der Frau, die jünger ist als die Sünde, nach ihren Berechnungen. Mit sehr viel Freude sang die Jugend und die anderen das Happy Birthday unter dem Sternenhimmel. Dann folgte der Schluß, nach einer schon traditionellen Gebetsnacht auf dem Berg Krizevac mit Morgenmesse.

Da der 5. August ein Freitag war, begannen alle am Vorabend, indem sie an der nächtlichen Erscheinung Ivans teilnahmen, an diesem Tag auf dem Berg.

Um das Feuer am Leben zu erhalten, wurde gemäß der Spiritualität Medjugorjes im Dezember eine neue Revue gestartet: herausgegeben von der Jugend und für sie, basiert sie auf der Bekehrung und dem Zeugnis (Adresse: François Lezaach, Chaussee des Malines, 1970 Wezembeek-Oppen, Belgien, Tel. 027310939).

4. Neue Gemeinschaften

Die Gemeinschaften, von denen wir gesprochen haben, gedeihen.

L'Oasis

Seit Ende 1993 zählt *L'Oasis* mehr als 100 Mitglieder: sieben Häuser in Italien, eines in Medjugorje, ein weiteres in Brasilien, gegründet am 7. Januar 1994 in der Diözese von Quixada; das neunte, am 22. Oktober in San Marcello, in der Diözese von Gesi, in der Provinz Ancona in Italien.

Im Laufe des Jahres 1994 wurden fünf junge Priester ordiniert, der fünfte am 8. Dezember. Vielen Orden und religiösen Familien mangelt es an Berufungen. Hier ist das Problem, sie aufzunehmen und Häuser zu gründen, um diese lebendigen jungen Kräfte zu formen, mit allen materiellen Problemen, die das mit sich bringt (DN 13, 63-64).

Kraljice Mira

Die Gemeinschaft von Tomislav Vlasic, die von Anbeginn an durch so viele Angriffe geprüft wurde, so sehr, daß sie sich auflöste und eines Tages starb (DN 8, S. 12-13; 9,41-44; 10, 74-75; 11, 52-55) ist 1993 (DN 12, S. 53-54; DN 13, S. 64-67) mit einer großen Forderung und Tiefe wieder zu Kräften gekommen, die voller Gelübde ist.

Sie verdankt es dem geistigen Charisma von Tomislav Vlasic, ein Erwecken des tiefen Glaubens, der vollkommenen Hingabe und so vieler Charismen, zu der Zeit, als er für die Wallfahrt von Medjugorje verantwortlich war, vom 15. August 1981 bis zum Herbst 1984. Er hat eine ruhige, aber starke Ausstrahlung, die ihm breites Ansehen und hohe Wertschätzung in ganz Italien verschafft. Er regt dort, an der Ostküste, einigemale im Jahr große Jugendversammlungen an. Das Generalkapitel der Franziskaner hat ihm in der Provinz Abruzzen ein Kloster angeboten, das seine erste Gemeinschaft beherbergt, und hat ihm die geistliche Führung seines Generalkapitels anvertraut.

Da ich nicht in sein Kloster Lama dei Peligni kommen konnte, habe ich von ihm per Fax vom 27. April 1995 folgende Nachrichten erhalten:

> *Wir haben jetzt drei interne Gemeinschaften mit 35 Mitgliedern. Was die externen Gemeinschaften (die Brüderschaften) anbelangt, so gibt es davon mehr als 50, mit 300 Mitgliedern, und es entwickelt sich ständig weiter.*
> *Die zu erwartenden Berufungen sind zahlreich. Nach einer aufmerksamen (accurato) Unterscheidung führen wir sie zu ihrer Berufung. In die Gemeinschaft nehmen wir nur wirklich reife Personen auf, die geeignet sind für ein Leben des Opfers und der Betrachtung.*

Es handelt sich um ein sehr tiefes Opfer: eine totale Liebe, die es auf sich nimmt und sogar wünscht, die Erlöserleiden Christi in seinem Leib weiterzutragen, der die Kirche ist (DN 13, S. 86-87).

> *Die Bildung zur Gemeinschaft ist lang und fordert (durchdringende) Aufmerksamkeit. Unsere Liebe Frau von Medjugorje hatte Recht: man braucht Zeit, um zu einem reifen und tiefen geistlichen Leben zu gelangen, das versichert uns immer mehr unsere Erfahrung. Die Dynamik unseres inneren Lebens liegt ganz auf der Linie, die von Papst Johannes Paul II. entwickelt wurde:*

mit Maria zum Kreuz, eine «lebendige Eucharistie» werden, um das Jubiläum der Hl. Dreifaltigkeit im Jahr 2000 feiern zu können. Es handelt sich nicht um Theorien, sondern um konkrete Schritte, in die dreifaltige Liebe einzutauchen und sie wiederzuspiegeln. Die Voraussetzung für alles ist die unumschränkte Hingabe an Jesus durch Maria. Die Frucht ist das Eintauchen in die Dynamik des dreifaltigen Lebens, woraus ein gesundes, freies und glückliches Leben entspringt. In diesem Licht erkennt man mit Klarheit die wahren und falschen Prophetien unserer Zeit, und man stellt die Gemeinschaft mit allen in Gott her.

Tomislav Vlasic legte dann seine Aktivitäten außerhalb der Gemeinschaft dar, die die ganze Gemeinschaft nähren:

Mit der HIlfe der Schwestern und Brüder leite ich verschiedene Versammlungen:
— die am meisten besuchten sind die der Opferseelen, nicht nur innerhalb unserer Bruderschaft, sondern auch außerhalb [es handelt sich um ein radikales Opfer: das, was man vom 17. bis Anfang unseres Jahrhunderts Opferseele nannte].
— Versammlung für Priester, die nicht zur Bruderschaft gehören.
— Versammlungen, die für alle offen sind.
Außerdem, was ich in Echo Maria Königin des Friedens veröffentlicht habe, habe ich eine Sammlung von 12 Bänden unter dem Titel «Eucharistia vivente» veröffentlicht. Jeder Band behandelt ein Thema, aber immer in der Dynamik auf das Jubiläum der Heiligen Dreifaltigkeit hin. Man findet dort die Themen, die ich in den Versammlungen entwickelt habe, gespeichert auf Kassetten. Man kann sie bei folgender Adresse erhalten: Eucharistia vivente, Casella Postale, I-65017 Penne (PE), Tel-Fax 085. 8279616.

Tomislav Vlasic ist Mitte Juni 1994 für acht Tage nach Medjugorje gekommen, gerade vor dem 13. Jahrestag, dann noch im März 1995. Ich habe von den anderen Gemeinschaften, die ich in DN 13, S; 63-73 breit erklärte, keine Nachricht erhalten, aber es scheint normal weiterzugehen.

Ich habe im Februar den Verantwortlichen der amerikanischen Gemeinschaft getroffen, er beginnt zu bauen, um die Postulanten aufnehmen zu können, mit deren Ausbildung er seit mehr als einem Jahr begonnen hat.

5. Gebetsgruppen

Die in der ganzen Welt unzähligen Gebetsgruppen fahren nach dem Modell derer fort, die in Medjugorje weiterhin bestehen. Nach meiner Kenntnis ist nur die Gruppe von Jelena verschwunden. Sie wurde gegründet von 12-jährigen Mädchen, die das Leben zerstreut hat.

Die neuen (beachtlichen) Sektoren der Entwicklung sind Lateinamerika und Australien. Die Gebetsgruppen entwickeln sich dort zu Tausenden. Die Reisen von Slavko, Ivan, Bonifacio, tragen dazu bei, die Flamme am Leben zu halten.

6. Konferenzen und Versammlungen

Die großen Medjugorje-Konferenzen in Amerika setzen ihre Arbeit fort. Sie versammeln die Mitglieder von ca. 200 Zentren Königin des Friedens (Queen of Peace), die sich in den Vereinigten Staaten entwickelt haben.

> *Diese Zentren sind als partikularistisch verschrieen (so bemerkt Sœur Emmanuel in ihrem Bericht von der Konferenz Unserer Lieben Frau, Juni 1994). Ich bin untröstlich, die ganzen negativen Unruhen und Kriege, die zwischen den Medjugorje-Zentren wüten, zu sehen. Es wäre gut, diese ganzen amerikanischen Massen um den Heiland und seine Mutter versammelt zu sehen, in Gebet, Verehrung, Anbetung des Hl. Sakraments und nicht um die großen Sprecher. Letztes Jahr hatte Vicka bei der gleichen Konferenz den Rat für die nächste Konferenz*

gegeben: — Es möge dabei mehr gebetet und weniger Worte gemacht werden. Und gerade das leben wir (Eco 113, 4c).

Diese Zentren, die in den USA geboren wurden, sind ohne jede Organisation auf ganz Lateinamerika ausgeschwärmt, es gibt nur Treffen, die den Geist aufrechterhalten. Wir kennen sie durch Alberto Bonifacio, der sie in mehreren lateinamerikanischen Ländern besucht hat.

7. Echos und Radios

Echos

L'Eco bleibt das Hauptorgan der Information und Bildung über Medjugorje. Diese bescheidene Revue, die acht Seiten mit drei Spalten im Monat herausgibt, wird auf 14 Sprachen verteilt: darin inbegriffen albanisch, ungarisch, polnisch, rumänisch und russisch. Aber sie wurde in einer größeren Anzahl von Ländern verteilt, nicht ohne Echo. Im November 1994 schreibt Chiranida Satyan aus Nepal:

Die ganz kleine katholische Minderheit (4000 auf 20 Millionen) interessiert sich für Medjugorje. Sie sehen sich die Dokumentationen im Fernsehen an. Am ersten Freitag im Monat beten wir die ganze Nacht. Unsere Kirche besitzt jetzt ihren ersten Fotokopierer und wird die Dokumente vervielfachen.

In diesem Land haben es einige Italiener unternommen, die Jungfrau Maria auf den höchsten Berggipfel der Welt, den Everest zu hissen. Aber weil ihr Chef bei einem Unfall gestorben ist, oberhalb 5000 Metern, haben sie das Unternehmen aufgegeben und die Statue unserer Kirche von Katmandu gegeben.

Colleen Watts schreibt ebenfalls:

Herzlichsten Dank für das Eco: seit Monaten fühlte ich mich wie in einer trockenen Wüste, unfähig zu beten. Heute habe ich L'Eco 113 erhalten und ich verstand, daß ich am Boden war von der Anstrengung und den For-

meln. Ich habe den Rosenkranz und die hl. Messe wiederaufgenommen.

Die Auflage aller Ausgaben erreicht 700 000 Kopien, davon 385 000 in Italienisch, 42 000 in Französisch, und der Rest in den zwölf ausländischen Ausgaben.

Radios

Die Radios (die in DN 12, S. 58-59 näher bezeichnet sind) senden weiter in Italien, Polen und anderswo: das Letzte wurde in Zagreb (Kroatien) gegründet.

Film

Der erste große Film über Medjugorje wurde am 10. April in der *Radio Music Hall* von New York und in 450 Kinos gestartet. Er wurde verwirklicht mit einem bescheidenen Budget von 4,7 Millionen Dollar. Der Erlös wird den Armen von Kroatien und Bosnien-Herzegowina zukommen.

Der Film wurde in Medjugorje gedreht, die Kirche inbegriffen, von Jakov Seldar, Direktor des kroatischen Theaters in Zagreb. Er beschwört die ersten Erscheinungen herauf, den kommunistischen Druck, die Einkerkerung des Pfarrers Jozo Zovko, der die zentrale Stelle in der Darstellung des Schauspielers Martin Sheen einnimmt. Es ist eine schnelle Heraufbeschwörung des (siegreichen) Kampfes der «Frau bekleidet mit der Sonne gegen den Drachen» (Off 12). Sœur Emmanuel hätte gewünscht, daß sie geistiger wäre, mehr von der Botschaft selbst vortragen würde.

8. Heilungen

Letztes Jahr (DN 13, S. 71-91) haben wir die Heilungen betont, dank der Unterstützung von Professor Gildo Spaziante von der Fakultät von Mailand. Dieses Jahr sind wenig neue Zeugnisse gemeldet worden. Sie sind wenig bezeichnend und wenig dokumentiert. Wir bieten sie so dar, wie sie uns zugekommen sind. Es ist sehr schade, daß die amtliche Annahme und die Kontrolle dieser Tatsachen, die andauern, nicht mehr zustande kommt, seit dem Weggang Pater Dugandcics und dem Krieg, trotz des schönen italienischen Plans, ein medizinisches Büro in Medjugorje einzurichten. Hier sind also die Zeugenaussagen: Im Mai 1994 gab Sœur Emmanuel die Nachricht von einer Frau heraus, die multiple Sklerose an den Gelenken hatte, die auf den Hügel von Potbrdo auf einer Bahre getragen wurde, und auf ihren beiden Beinen herabstieg.

> *Einen Monat nach der Heilung kam sie, um uns ihre medizinischen Untersuchungen zu überbringen. Sie hat keine Spur mehr von der Krankheit. Das Schönste an diesen Heilungen ist das Erstaunen der Person, die versteht, daß Maria sie persönlich liebt, und daß sie sie in ihrem tiefen Elend heimgesucht hat. Diese Heimsuchungen der Liebe Marias sind die umwerfendsten Erfahrungen hier (E 15. Juni 1994; EM, Nr. 22, S. 4).*

Während seiner Tournee in Frankreich hat Pater Jozo, der frei kam und weiterhin die fruchtbare Botschaft von Medjugorje verbreitete, sich eine Zeit der Rast in der Gemeinschaft der Seligpreisungen in Rouen gegönnt hat, wohin man viele Arme und Kranke geladen hatte.

> *Einer der Brüder, Stephan, sollte sich am offenen Herzen operieren lassen. Er hatte ein Geräusch am Herzen (Roger-Krankheit). Nach dem Gebet von Pater Jozo hat er seine Kräfte wiedergefunden und die Echographie des Herzens, die am nächsten Tag vorgenommen wurde, zeigte, daß es keine Spur des Problems mehr gibt, sehr zur Verwunderung des Arztes. Die Operation wurde abgesagt.*

Sœur Emmanuel hat am Anfang einer Konferenz diese kleine Heilung erzählt, klein, aber erwünscht wie eines jener kleinen Zeichen Unserer Lieben Frau, das oft die geistige, seelische und körperliche Heilung fortschreiten läßt.

Ich war seit mehr als zwanzig Jahren mit einem nervösen Tic behaftet. Ich zerkratzte mir unablässig die Lippen bis aufs Blut. Ja, jeden Tag zur Stunde der Erscheinungen ziehe ich mich ins Schweigen zurück, um in meinem Herzen jene zu empfangen, die der Himmel uns schickt. Eines Abends hatte ich die Idee, das Maria anzubieten. Ich sagte zu ihr: Ich biete dir dieses Geschenk für 24 Stunden an, denn ich weiß nicht, wie ich es noch länger aushalten soll. Mit Maria habe ich diese 24 Stunden ausgehalten. Schließlich habe ich ihr die gleiche Sache nochmals 24 Stunden angeboten, und schließlich, von Tag zu Tag, habe ich das vollkommene Verschwinden dieses Tics festgestellt.
Die Jungfrau hat von jeden von uns diese Art der Überraschung parat. Wenn eine Mutter sieht, daß etwas mit ihrem Kind nicht in Ordnung ist, übt sie das mit ihrem Kind, was nicht geht. Sie kommt nach Medjugorje, um uns von jedem Übel zu erlösen. Sie sagte: Ich komme in diese Welt, um euch zu helfen, um euch reich zu machen mit meinem mütterlichen Herzen und mütterlichen Frieden (NM, Februar 1995, S. 4a).

9. Soziale Dimensionen

Gründung für das Kind von Mauro Harschs

Die Gründung des Schweizer Pianisten Mauro Harsch (DN 11, S. 67; 12 S. 59; 13 S. 91) macht Fortschritte. Unter den geförderten Werken sind:

— Bombay: ein großes Haus für 100 Kinder;

— São Paolo (Brasilien): drei Häuser für 50 Kinder und ein Arbeitsbüro;

— Medjugorje: zwei Häuser für ungefähr 20 Kinder;

— humanitäre Hilfe für die Werke von Pater Jozo zugunsten der Kinder, die Opfer des Krieges sind;

— Adoption auf Entfernung von bosnischen Waisen;

— Ausgabe von warmen Kleidern im Winter 1995, usw.

Im Mai erscheint die offizielle Zeitung der Gründung: *Germogli*. Es erzählt von unseren Projekten und Werken und läßt allen Kindern breiten Raum, die Artikel, Gedanken, Zeugnisse verwirklichen wollen, die in Beziehung stehen zu allem, was sie in der Welt betrifft. Dieses neue, kleine Journal, das für und von Kindern gemacht wird, hat schon eine ganze Bewegung ausgelöst und Unterstützung gefunden, unter anderen Sophia Loren, Luciano Pavarotti und zahlreiche Schweizer Politiker. Eines der Ziele der Veröffentlichung ist es, einen Dialog zwischen den begüterten Kindern und den weniger begüterten zu schaffen. Sie liefern uns Artikel.

Sœur Elvira

Sœur Elvira, die seit wenigen Jahren eine Gemeinschaft gegründet hat, um die Drogenabhängigen zu befreien und wieder gesund zu machen, hat durch Medjugorje einen Aufschwung erfahren (DN 12, S. 59-63).

Ich habe die Gemeinschaft am 28. April besucht. Sœur Elvira war soeben abgefahren, denn sie muß die 20 Häuser in der ganzen Welt besuchen, mit 350 Mitgliedern. Das Haus von Medjugorje zählt 50: von 16 bis 50 Jahren. Das ist das Haupthaus mit dem Mutterhaus in Italien. Die jungen Leute, die ich dort traf, führen dort in völliger Einigkeit und Freundschaft ein Leben des Gebets und der Arbeit. Der Tag beginnt um 6 Uhr morgens mit dem Rosenkranz, der Meditation des Wortes Gottes, einer abgesprochenen Einteilung.

Dann beginnt die Arbeit. Diese jungen Leute haben ein weites Gebäude errichtet, ganz ebenerdig, mit einer Kapelle, deren Fresken sie selbst gemalt haben. Die Hauptfreske stellt in ergreifender Weise den Abstieg des glorreichen Christus in die Unterwelt dar. Das ist ein sprechendes Symbol für diese jungen Leute, die der Hölle der Drogen entronnen sind. Die bildliche Betonung liegt nicht auf der Hölle, die einfach durch zerbrochene Ketten dargestellt wird, sondern auf der Befreiung Adams und Evas, die von ihrem vieltausendjährigen Grab heraussteigen, und vor allem auf der Glorie des auferstandenen Christus, der die Freske beherrscht und ausfüllt.

Ohne Komplex erzählen die jungen Leute ihre Geschichte: wie sie in die Hölle der Droge hinabgestiegen sind, getrieben von dem wilden Wunsch nach Freiheit und einem Bruch mit ihrer Familie. Ihre Befreiung ist im allgemeinen plötzlich und total, im Gegensatz zu der Erfahrung der Rehabilitationszentren, die ich kenne.

Vielen habe ich die Frage gestellt:

— Aber fühlen Sie nicht den Entzug, den Verlust, die Abhängigkeit, die Sie manchmal so lange beherrscht hat?

— Nein, in diesem Leben beginnt alles anders und alles kommt zu seiner Zeit. Hier war nichts auf dem Erdboden vor vier Jahren und sehen Sie, wie es heute ist.

Wirklich ist es ein gut funktionierendes Ganzes, wohldurchdacht. Ein guter Architekt mußte das durchgegangen sein, aber ich habe vergessen, nach ihm zu fragen.

Vicka ist oft da, fleißig in der Arbeit (vor allem Küche), eine große seelisch-geistige und psychologische Unterstützung für alle. Ihre Dynamik wie ihre menschliche und göttliche Wärme, sind nicht gewöhnlich. Ihr tiefes Leben nicht weniger.

Hier sagt man nicht «Selbstverwaltung», was oft dort scheitert, wo man davon spricht. Aber wenn es das Wort nicht gibt, so vollzieht sich das Wunder spontan, von innen her, vom Gebet her, das diese Menschen auf Gott wurzeln läßt und aus ihnen warmherzige Quellen der Freundschaft, der Kreativität und voller Initiativen macht. Alles funktioniert von innen heraus, durch Inspirierung, Solidarität, Kooperation, innerhalb einer feinen und wohldurchdachten Regel, ohne jede Komplikation. Das Einvernehmen schafft einen freundschaftlichen Wohlklang. Die Abwesenheit von Sœur Elvira spürt man nicht. Man sieht sie gern, aber wenn sie nicht mehr da ist, läuft alles weiter.

Als ich ankam, an der Spitze einer Gruppe von 300 französischen Pilgern, sprach ich einen jungen Mann an (war es ein ehemaliger Drogenabhängiger, fragte ich mich? Ich konnte es nicht sagen). Er mauerte die Tür des Eingangs zu. Nach einigen Worten, nahm er mit einem anderen, der vorbeiging, Kontakt auf. Sie fanden sich: drei, dann vier, in der Kapelle ein wo sie uns empfingen. Einer von ihnen (ein Italiener, der französisch sprach) begann zuerst zu beten. Das ist der Grundreflex. Dann bezeugten sie folgendes, das ich fliegend niederschrieb:

> *Ich wollte unbedingt die Schule verlassen, frei sein, ein Motorrad kaufen, tun, was mir gefiel mit Leuten, die älter waren als ich. Ich habe geraucht wie die anderen. Ich bin schnell zum Haschisch, dann zum Heroin übergegangen, zwei Jahre lang. Mein Vater wußte es nicht. Ich war nicht glücklich, und ich brauchte immer mehr Drogen. Eines Tages habe ich einen Jungen (dieser Gemeinschaft) getroffen. Er sah glücklich aus, fröhlich. Ich wollte sein wie er. Ich bin hierher gekommen, jenseits der trügerischen Vergnügen und der Lüge. Und ich habe die wahre Freiheit gefunden. Jetzt mache ich wirklich, was ich will.*
>
> *Man heilt nicht durch Bücher, ebensowenig durch Psychologie und Medikamente: das dauert lang, ist abstumpfend und kostspielig. Hier heilt man durch die Liebe und das Leben der Seele, das auf Anhieb die Kraft zum Leben gibt.*

Als ich diese jungen Leute sah, die voneinander stark verschieden waren (vor allem Italien und Kroatien), sagte ich mir:

Aber wie viele waren Drogenabhängige? Die ich befragt hatte, waren es. Schließlich antwortete ein junger Mann von 27 Jahren, mit schwarzen Haaren, dessen Haarwuchs an der Stirn schon zurückging:

— Ich nicht.

— Aber wie viele von den 50 haben die Droge kennengelernt?

— 49… von 16 bis 50 Jahren.

— Aber der mit 16 konnte sie noch nicht lange kennen.

— Doch, zwei Jahre lang. Er hatte mit 14 begonnen.

Frappant waren die Zusammenhängigkeit und Spontaneität dieser ungekünstelten Zeugenaussagen, dieser arglosen Antworten, dieser improvisierten Organisation, wo alles seinen Gang geht.

Als wir aus der Kapelle kommen, kreuzen wir die langen Reihen von ungefähr 40 Leuten, die still zum Gebet gekommen waren… nach der Arbeit des Tages. Sie leben von Gott, der Eucharistie.

Einen von ihnen fragte ich:

— Schließlich, fehlt dir die Droge nicht doch manchmal? und er antwortete lächelnd:

— Meine Droge ist jetzt Jesus, das genügt mir. Ohne ihn, natürlich.

Hilfe in Bosnien

Das sogenannte humanitäre Kapitel ist beträchtlich, denn in zahlreichen Ländern haben sich Personen und Gruppen organisiert, die oft rund um die Uhr die enorme Hilfe in Empfang nehmen und zubringen, die die Herzegowina und Bosnien brauchen. Diese Hilfe geht zweifellos vorrangig nach Medjugorje, das die besten Hilfszentren organisiert und beherbergt, aber sie erstreckt sich weit ins Land hinein, die Mohammedaner mitinbegriffen (wie wir schon notiert haben: DN 13, S. 91-95). Besonders erfüllend und tragend ist die Hilfe, die von Alberto Bonifacio herbeigeschafft wird, ein junger ehemaliger Bankangestellter, der jeden Monat gut 10 Lastwagen an die Punkte der Herzegowina führt, wo der Bedarf am dringendsten ist. Ich war besonders berührt durch die Erzählung der 34. Reise (6.-9. Mai 1994): Es war die vorletzte, an der Fabio Moreno teilnahm, ein Wohltäter, der in diesem Dienst gestorben ist am 29. Mai 1994 (DN 13, S. 5 und 102-104).

34. Reise: Wir sind an die 50 Freiwillige mit 18 Lastkraftwagen und ungefähr 250 kg Hilfsgüter: vor allem Lebensmittel, Reinigungsmittel und Arzneimittel. Giovana wird bis nach Konjic mit 6 Lastwagen auf dem Umweg der UNO-Schanzen vorstoßen, dorthin, wo sie für Sarajevo zerstört sind. Er wird bei der franziskanischen Caritas und bei dem Krankenhaus dieser Stadt abladen. Wir fahren mit den anderen Lastwagen mit Fabius, einem jungen Mailänder, der freiwillig seit einigen Monaten mitmacht, nach Mostar-Ost: die mohammedanische Stadt.
Wir entladen einige Lastwagen beim mohammedanischen Merhamet und andere im Geschäft neben dem Krankenhaus. Wir fahren durch die Stadt und kommen beim alten Krankenhaus an. Doktor Dragan Milavic wurde nach Sarajevo geschickt. Jetzt hat man dort einen anderen Direktor, Doktor Hafid Konjhodzic. Ich lasse ihm die Säcke mit Blut und Plasma und die Aidstests da, nach denen er mich das letztemal gefragt hat. Wir lagern die Medikamente in einem zu Anfang des Krieges in Mostar von den Bomben am 6. April 1992 schwer beschädigten Lager ein. — Hier war die Kaserne. — Hier war der große und moderne Eisenbahn- und Autobahnhof.
Das ist hier wie ein Refrain. Mostar ist eine Stadt, die «war». Wir hoffen, daß sie wieder zum Leben ersteht.
Ich nehme dann mit Fabio die Einladung zu einem Kaffee in dem Haus von Sali an. Er zeigt mir 15 Geschoße, die er in einen Eimer gestellt hat. Dann streifen wir mit Sali, dem Dolmetscher Sanella und seiner kleinen Schwester Amela zu Fuß durch die Stadt, um uns mit einer Videokamera die Zerstörungen anzusehen. Wir gehen entlang des Weges, wo die großen Geschäfte von Razvitk waren

und am Platz der Republik entlang. Dort ist jetzt ein Rohr zur Verteilung von Wasser. Man füllt dort Kanister für die Wäsche (denn das Wasser ist zweifellos nicht trinkbar).
Hier war das Konservatorium, die Touristenbüros, das Luxushotel Neretva. Wir überqueren den Fluß auf den Resten der Tito-Brücke, die vor einem Jahr aus Eisen wieder aufgebaut wurde, die ich nach ihrer Einweihung fotografiert habe. Wir kommen an die Grenze der kroatischen Stadt. Dort ist eine Menge von verbrannten Lastwagen, Barrikaden, Ruinen. Diesen Morgen erst hat eine Granate eingeschlagen. Da waren die Gefängnisse, wo zu Anfang der Erscheinungen von Medjugorje der Pfarrer Jozo Zovko und einige Gläubige sich aufhielten, ebenso Ferdo Vlasic, der Direktor des franziskanischen Journals der Herzegowina, der vier Jahre eingesperrt wurde, weil er einen Artikel über die Erscheinungen geschrieben hatte. (...) Die Liste der Ruinen ist lang.
Wir kommen am buntesten Platz von Mostar an, dem alten mohammedanischen Markt und dem berühmten Stari-Most (der alten Brücke), das der Stadt ihren Namen gibt. Hier wird die Trauer zur Angst. Das ist eine Anhäufung von Ruinen und Türmen, deren einer, die Celovina, einen geisterhaften Anblick bietet. Die Sonne erleuchtet von hinten die Fenster, die auf den Fluß hinausgehen. Die anderen Mauern und das Dach gibt es nicht mehr. Von der berühmten Brücke, die der Architekt Hajrudin 1566 beendete, bleibt nur noch ein großer Stumpf, wie so viele Arm- und Beinstümpfe, denen wir überall ein wenig begegnen.

Die 50. Reise, 7.-12. September 1994, geht durch Medjugorje. Bonifacio nimmt Kontakt mit der französischen Vereinigung *Mediatrice* auf, die in Medjugorje eingerichtet wurde (DN 13, S. 94), deren Einzugsbereich in die ganze Herzegowina und Mostar-Ost geht. Diese Vereinigung wurde gegründet aus der Sorge, die Lücken und Ungerechtigkeiten der offiziellen Verteilung zu füllen. Zu diesem Zweck haben sie Kontakt mit der UNO aufgenommen, die ihnen einen Teil der Lebensmittel und Arzneimittel lieferte. Der andere ist privat; sie haben ein Netz von Vertretern und Geschäften an verschiedenen Punkten Bosniens organisiert, auch in Mostar-Ost (mohammedanisch), das bis Zepce vorstößt: das berühmte kroatische Gebiet auf einem von den Mohammedanern kontrollierten Territorium. Sie haben Mostar-Ost in 25 Sektoren aufgeteilt. Für jeden davon ist eine Familie verantwortlich. Die sozialen Hilfskräfte haben eine erste Liste von bedürftigen Familien aufgestellt.

Am 9. September entladen wir unsere Lastwagen im Geschäft von Mediatrice in Citluk. Das Lastwageninnere zeigt, daß wir Lebensmittel und Reinigungsmittel für 50 Familien haben. Wir bitten die für den Sektor verantwortliche Familie, 50 Familien einzuladen, morgen zu kommen.

Am Samstag, den 10. September, fahren wir nach Mostar-Ost mit den Verantwortlichen für Mediatrice, in die Zone der ehemaligen Eisenbahnstation. Wir entladen für 50 Familien in dieser Zone, wo es sehr viele Flüchtlinge gibt. Sie sind entflohen aus verschiedenen Orten Zentralbosniens und besetzen die Häuser, die von den Serben und Kroaten freigegeben wurden, die geflüchtet sind, denn sie sind nicht völlig zerstört. Die Verständigung ist harmonisch. Aber am Ende der Verteilung kommt ein Protest auf. Einige sind nicht aufgerufen worden. Wir versuchen, ihnen auch etwas zu geben. Wir fahren zum Krankenhaus hinüber, wo wir ein Kind heulen hören, das soeben auf eine Mine gesprungen ist, und das jetzt operiert wird. Es hat eine Hand und zweifellos ein Bein verloren. Das Gesicht ist entstellt. Das ist schrecklich. Das medizinische Zentrum hat auch einen neuen Direktor bekommen.

Während all dessen setzt sich unser Gebetsengagement so gut es geht im Rhythmus Medjugorjes fort. Heute ver-

folgen wir besonders den Papstbesuch in Zagreb. Im Fernsehen sehen wir seine Ankunft etwas vor 18 Uhr im Freudentaumel und der Begeisterung der kroatischen Brüder.
Sonntag, 11. September, ist das Fest des Kreuzes und die traditionelle eucharistische Zelebration auf dem Gipfel des Berges Krizevac, die selbst das kommunistische Regime tolerieren mußte. Die Pilger kommen von überallher zu Fuß, manchmal nach einigen Tagesmärschen. Es ist das erste Mal, daß eine Gruppe rumänischer Pilger dabei ist: an die Hundert. Sie sind mit dem Omnibus gekommen. Dank des lateinischen Ursprungs unserer Sprachen gelingt es uns, uns mitzuteilen. Einer von ihnen spricht italienisch.
Die Messe wird zur gleichen Zeit wie die des Papstes in Zagreb gefeiert. Dank des Radios auf dem Krizevac hören wir seine Predigt direkt. Große Begeisterung auf Seiten der Kroaten, die die Stimme des Papstes zum ersten Mal hören. Denn Johannes Paul II., vielsprachig und Slave, predigte in ihrer Sprache.

Das Projekt der Prothesen, das von Pater Orec in Split vorgeschlagen wurde für die unzähligen Kriegsgeschädigten (DN 13, S. 58), wurde von Monsignore Franic am 14. Mai 1994 angeregt. Am 20. Juni konnte die erste schon gefertigte Prothese am Knie eines jungen Mannes aus Zadar angelegt werden, der sich so fast normal bewegen kann und hoffen kann, sein normales Leben wiederaufzunehmen:

Das Herz brennt in uns, es vielen anderen auch so ergehen zu lassen [schreibt Pater Orec]. Nicht der Arbeitseifer mangelt uns zu dieser Aufgabe. Es mangelt uns, wie so oft, an etwas ganz anderem: Ihre finanzielle Hilfe. Viele Rechnungen bleiben unbezahlt (NM, September 1994, S. 4).

50 Prothesen wurden in 3 Monaten gefertigt, das heißt 2 pro Tag. Eine Menge anderer Projekte laufen weiter: Patenschaf-

ten für Waisen, für die man Wohltäter sucht, die 1500 belgische Franken jeden Monat schicken können.

Slavko setzt sein Programm der Kinderdörfer für diese Waisen fort. Er befaßt sich auch mit gefangenen Kindern, deren einige schon befreit werden konnten. Sœur Emmanuel sagt dazu:

> *Die gefangenen Kinder, von denen wir gesprochen haben, werden schließlich befreit. Sie waren eingeschlossen im Museum Tito in Jablanica. Sie konnten ihre Eltern nicht finden und sind nun beherbergt im Geburtsort von Pater Jozo, wo man sie aufnehmen konnte. Die sterbende Mutter, von der wir sprachen, erholt sich langsam. Ihre Kleine von zwei Jahren fragt sie beständig:*
> *— Mama, gibt es Brot?*
> *Beten wir weiterhin für die anderen Kinder im Gefängnis, von denen wir keine Nachrichten haben, ebenso wie für die Tausenden Unschuldiger, die noch leiden, denn selbst wenn sich die Lage klar gebessert hat, so ist der Krieg noch nicht zu Ende.*

Bibeln auf Kroatisch

Das ökumenische Projekt, das anläßlich einer Wallfahrt eines protestantischen Pastors in Medjugorje entstand: Bibeln für Kroatien, setzt sich fort.

Im Oktober 1994 waren 30 000 neue Bibeln in Zagreb in Druck, um nur an Flüchtlinge verteilt zu werden.

Ein wirksames geistliches belgisches Zentrum

In Belgien haben sich Jacques und Ute Clostermans (Rue de la Motte 25, B-1390 Archennes) ganz dem Dienst für Medjugorje und dem leidenden Bosnien-Herzegowina gewidmet. Ihr Haus ist ein Ort der Einkehr für die geistliche Seite geworden. Sie haben Nouvelles de Medjugorje (Abkürzung NM) gegründet, ein Informationsblatt, aber auch für den Spendenaufruf, wohl aufgelistet, damit jeder für verschiedene Projekte geben kann, je nachdem wem er den Vorrang gibt:

— Lebensmittel und humanitäre Hilfe,
— Prothesen,
— Waisen und Kinderdörfer,
— Bibeln für Bosnien.

(Spendenkonto Belgien-Medjugorje: 0012639350-36, Archennes, Belgien.)

Das ist eine sehr umfassende christliche Initiative, die Gebet, Fasten und Hilfe für so viele Bedürftige miteinschließt, dort, wo der Leib Christi in seinen Gliedern leidet: Ich hatte Hunger und ihr habt mir zu essen gegeben. Ich war eine Waise und ihr habt mich adoptiert. Ich war verstümmelt und ihr habt mir eine Prothese gegeben. So könnte man das große Vermächtnis Christi in Matthäus 25 fortsetzen. Sie vermittelten so Patenschaften für 250 Kriegswaisen zu 1500 Francs pro Monat und finanzieren einen großen Teil des Kinderdorfes, das in der Landschaft von Medjugorje erbaut wurde unter der Verantwortung von Pater Slavko.

Sie ließen auch drei Franziskaner von Ex-Jugoslawien nach Belgien kommen und finanzierten ihren französischen Sprachkurs an der Universität Löwen: Zur geistigen Anregung der französischsprachigen Pilger von Medjugorje. Man ließ sie in lebendigen Kontakt treten mit dem christlichen französischsprechenden Milieu.

6. Zeugnisse und Bilder

Um dieses Panorama an Früchten zu beleuchten, sind hier einige persönliche Zeugnisse aufgeführt, die mir direkt oder durch verschiedene Informationsblätter mitgeteilt wurden.

1. Von seiten der Bekehrungen her

Die Notwendigkeit der fortgesetzten Bekehrung

«In Medjugorje hat mir die Jungfrau große Gnaden erwiesen, unter anderen die, die Folgen der Zeiten zu verstehen, in der wir leben. Ich habe die Notwendigkeit der persönlichen Bekehrung verstanden und die Notwendigkeit eines intensiven Fürsprachegebets für die Bekehrung aller Menschen» (Alphonsina A. Turin, 18. April 1994).

Warum verändert Unsere Liebe Frau von Medjugorje so viele Menschenleben?

«Ich hatte mich während dreißig Jahren in Abstand zur Kirche befunden, worauf ich nicht besonders stolz bin, und habe in Medjugorje den Glauben wiedergefunden, wo mich die Gnade Jesu und Marias eine Wendung um 180° machen ließen, indem sie mir die Eitelkeit der irdischen Dinge verstehen ließen und die Schönheit des Evangeliums» (F. T., Nice, 22. Dezember 1994).

Bekehrung zum Rosenkranz

Ein Pilger war auf den Rosenkranz allergisch. Im Verlauf der Gebete in der Kirche zeigt ihm die Gospa, daß ihn der Rosenkranz in das Leben des wirklichen, des fleischgewordenen Gottes, kurz in den wahren Gott eintaucht. Durch den Rosenkranz ist er beschützt vor geistigen Illusionen, die offen sind für das New Age (das die Fleischwerdung leugnet) und er riskiert nicht mehr, einem irrealen Gott zu folgen, unpersönlichen Energien, die niemanden retten.

— Der Rosenkranz ist die Waffe Nummer eins für unsere Zeit, schloß er... und er wiederholte, ohne es zu wissen, was uns die Jungfrau seit 13 Jahren sagt.

Drei starke Zeiten in Medjugorje

In Medjugorje habe ich mehrere starke Zeiten erlebt. Die erste in Split, als wir ins Auto nach Medjugorje stiegen. Sabrina bat die Leute, ans Mikrophon zu kommen. Ich empfing in meinem Herzen sehr stark das Wort LIEBE, mit der Einladung, es ins Mikrophon zu sagen, um diese Liebe auf alle zu übertragen, die da waren, daß sie sich in ihre Familien fortsetzt. Ich tat es mit viel Zärtlichkeit.

Die zweite war auf dem Hügel der Erscheinungen, in der Bergumgebung. Wir beteten den Rosenkranz; eine kroatische Frau geht vorbei, den Rosenkranz in der Hand. Ein junges Mädchen übersetzt: sie bittet um etwas zu essen. Also Geld. Ich und meine Frau sind im allgemeinen sehr allergisch gegen diese Art der Bitte. Meine Frau machte mich aufmerksam, daß wir am Vorabend schon übers Ohr gehauen wurden. Ich antwortete ihr vor aller Augen: «Der Bettler ist Jesus.» Also gaben wir ihr ein Geldstück und gingen.

Dann, bewegt von irgendeiner Kraft bin ich zu dieser Frau nach vorn gekommen, und in einem Anflug von unkontrollierbarer Liebe, habe ich sie in meine Arme genommen und weinend umarmt. Das war der «Klick». Von ganzem Herzen kam meine Frau dazu, dann die übrige Gruppe. Diese Frau weinte dann heiße Tränen, und wir fanden uns verschmolzen in der gleichen Liebe.

Die dritte starke Zeit war an einem Abend des zweiten Tages, während der Erscheinung. Ich war in der Kirche. Plötzlich begann ich, heiße Tränen zu vergießen. Das kam von Herzen und ich spüre es immer noch. Ich sah, wie mir große Tränentropfen vom Herzen aufstiegen. Das dauerte mindestens zwanzig Minuten, dann fühlte ich mich leicht, mein Körper hatte kein Gewicht mehr, meine Hände, meine Arme, meine Beine, alles war so leicht, daß ich es nicht mehr spürte, sondern einen völligen Frieden und eine Gebetsinnigkeit, die ich niemals gekannt habe. Das dauerte den ganzen Abend.

Schließlich der Stoß der Gnade mit Vicka und vor allem mit Pater Jozo. Es ist unmöglich, es zu erklären: nichts ist so durchdringend wie sein Blick.

Und jetzt bin ich wieder in der Bretagne zurück. Ich trage Medjugorje in mir. Maria arbeitet auch hier mit ihren Worten, die ich wie eine Einladung empfinde.

— Heute änderst du dein Leben, wirst du zu neuem Leben geboren, lösche die Vergangenheit aus und fange neu an, wie ein Kind. Ich bitte dich, zerbrich die Ketten, die dich noch halten. Tue es jetzt, denn du hast die Kraft dazu.

Ich muß zugeben, daß das geschehen ist.

(Der Brief gesteht dann einen großzügigen, aber zweideutigen Anflug, der gemeistert worden ist.)

Jetzt bin ich empfänglicher, ich warte auf das Wort Jesu, um es in der Welt zu leben, die eingehüllt und gelähmt worden ist durch Satan. Ich habe voll erkannt, wie sehr Maria uns liebt, und die Botschaften, die sie uns gibt, werden ein Medikament, das man unbedingt nehmen muß.

Jenseits von Aids

Nach sieben Jahren Studium der Pharmazie, verweigerte man mir mein Diplom. Ich hatte Aids. Ich erlebte andere Formen der Ablehnung als Homosexueller. Ich entschloß mich, mich umzubringen, indem ich mich von einer Brücke stürzte. Um dazu den Mut zu finden, trinke ich eine starke Dosis Alkohol. Ich weiß nicht mehr, wie ich gesprungen bin, aber ich fand mich blutgebadet im Krankenhaus wieder, im Koma. Dort tauche ich nach und nach auf und sehe vor mir an die Wand geworfen, das Bild einer Frau, die mir zuerst Angst einflößt. Aber als die Tage verstreichen, zieht mich dieses Bild immer mehr an und tröstet mich. In meiner religiösen Unkenntnis sage ich mir: «Das ist vielleicht eine Heilige.»

Ich verlasse das Krankenhaus, noch sehr geschwächt wegen des Aids, denn meine Ganglienzellen waren verwüstet. Durch einen unerklärlichen Zufall bin ich dazu gekommen, nach Medjugorje zu fahren, gegen den Rat des Arztes, der vorher sagte: «Du wirst dort sterben.»

In Medjugorje erlebte ich einen Schock. Ich sehe im Glas das berühmte Gesicht der Heiligen, die im Krankenhaus erschienen ist.

— Wer ist das?

— Das ist die Jungfrau von Medjugorje (Statue von Thaljina).

— Aber das ist die, die kam, um mich in meinem schwarzen Loch heimzusuchen, um mich bis hierher zu führen!

Sie ist gegenwärtig. Ich habe beschlossen, sie nicht mehr zu verlassen. Bei der Rückkehr, ein neuer Schock vor der medizinischen Untersuchung. Der Virus ist noch immer da, aber alle Symptome sind verschwunden. Die Lymphknoten sind vollkommen gesund. Ich erwache wieder zum Leben mit der Freude Gottes (EM, Dezember, S. 3).

Nochmals Aids

Ende April kommen zwei junge Leute, angesteckt mit Aids. Die Krankheit wurde durch homosexuelle Praktiken übertragen. Die Gospa hat sie vollkommen aufgewühlt, und einer von ihnen hat sie gesehen. Sie hat mit ihm gesprochen. Sie hat ihm einige Botschaften erklärt, denn er kannte sie überhaupt nicht. Wir wissen nicht, ob eine physische Heilung stattgefunden hat, denn nur eine Blutanalyse wird es zeigen (EM 22, S. 2).

Nikotinsucht und übersteigerter Alkoholkonsum

Ein Junge von 23 Jahren, der fast drei Päckchen am Tag rauchte, hat gegenüber der Zigarette eine tiefe Abneigung verspürt und raucht nicht mehr. Das Gleiche geschah mit einem Raucher und Alkoholiker. Er raucht nicht mehr und kann nicht mehr als drei Gläser pro Tag trinken.

Von Italien sind uns ebenfalls zahlreiche Fälle von Rauchern und Alkoholikern gemeldet, oft junge Leute, die mit ihrem Laster ganz gebrochen haben (Eco 112, S. 5a, nach Sœur Emmanuel).

Befreit vom Tabak

Ich heiße John Beckert. Ich bin Belgier und Priestermissionar in Zaire. Eines Tages erzählte mir ein Priester seine Heilung von der Abhängigkeit von der Zigarette. Dieses Zeugnis hat mich sehr berührt, denn, was mich anbelangt, so rauche ich seit mehr als 40 Jahren. Ich rauche vom Aufstehen bis spät in den Abend. Ich rauche die Zigarre, die Zigarillo, die Pfeife… Ich habe oft versucht, mit dem Rauchen aufzuhören, aber es war mir nicht gelungen. Jedesmal begann ich wieder.

Vor fünf Jahren bin ich nach Medjugorje gewallfahrtet. Als ich meine Sachen für die Reise vorbereitete, habe ich auch einen guten Vorrat Zigaretten angelegt. Ich konnte mir erlauben, alles zu vergessen, aber das nicht.

In Medjugorje habe ich mich ohne äußeren Grund an das Zeugnis dieses Priesters erinnert. Bis dahin interessierte ich mich nicht für das Aufhören. Ich hatte keine Lust und auch keinen Mut, vom Herrn die Gnade zu erbitten, mit dem Rauchen aufzuhören.

Es war Aschermittwoch, und ich hatte mich entschlossen, diesen Tag nicht zu rauchen. Aber den ganzen Tag über war ich befangen durch die Abwesenheit meines Tabaks. Schließlich beschloß ich, beim Rosenkranz am Abend die Jungfrau Maria zu bitten, bei ihrem Sohn Fürsprache für die Heilung von meiner Abhängigkeit einzulegen. Bei der Abendmesse beschloß ich, Jesus ebenfalls zu bitten, mich von der Nikotinsucht zu heilen.

Am nächsten Tag, Donnerstag, ließ ich Pfeife und Zigarette ausdrücklich in dem Haus zurück, wo wir wohnten. Die Pilger waren überrascht, mich den ganzen Tag ohne Pfeife zu sehen und ohne Zigarette im Mund. Diesen Abend fühlte ich, daß ich den Tabak ohne die geringste Schwierigkeit aufgegeben hatte. Da erst verstand ich, daß der Herr Jesus mich von dieser Abhängigkeit geheilt hatte. Ich habe an dieser Heilung keinen großen Anteil. Der Herr hat alles getan.

Das ist schon vor fünf Jahren geschehen. Seither wollte ich nie mehr rauchen. 1994 bin ich nach Medjugorje zurückgekehrt, um dem Herrn und der Jungfrau für dieses schöne Geschenk zu danken (NM, 1995, S. 6).

Bekehrung eines Journalisten

Thomas Tutkoski, ein amerikanischer Journalist mit einem polnischen Vater, erzählt:

Seit 25 Jahren hatten Gott, der Glaube, das Gebet und die Kirche keinen Platz mehr in meinem Leben. «Mein» Leben organisierte ich nach meinem Belieben. 1987 bin ich das erstemal nach Medjugorje gekommen. Aber ich brauchte viel Zeit, bevor ich mich zu dieser Wallfahrt entschloß. Ich war einer dieser Skeptiker, die allem und allen mißtrauen, Gott und die Jungfrau miteingeschlossen. Unter den Pilgern war ich sonst nichts als ein neugieriger Tourist. Zu dieser Zeit litt mein ganzer Körper. Um den Schmerz ertragen zu können, war ich mit Medikamenten vollgestopft.

In Medjugorje angekommen, beteiligte ich mich an keiner Aktivität der Gruppe. Aber eines Abends auf dem Kirchplatz, der voller Leute war, begann mein Onkel, «mir Beine zu machen», um in die Abendmesse und zu den Heilungsgebeten zu gehen. So etwas hatte ich keineswegs ins Auge gefaßt. Ich habe entschieden Widerstand geleistet, solange mein Onkel ruhig und geduldig blieb. Aber als er die Geduld verlor, habe ich nachgegeben und bin mit ihm in die Kirche gegangen. Ich war entschlossen, «das Spiel nicht mitzuspielen».

Ein Priester war dabei, die Heilungsgebete anzukündigen. Er lud uns ein, Jesus alle unsere Schwierigkeiten, Krankheiten, Ängste… zu übergeben, damit er uns zu Hilfe kommen könnte. Ich sagte zu mir selbst: «Ich jedenfalls glaube nicht daran.» Im gleichen Augenblick durchfuhr mich ein besonders starker Schmerz. In den folgenden Minuten wurde der Schmerz nur heftiger. Der Priester lud die Leute weiterhin ein, ihre Kreuze und Leiden zu Füßen des Kreuzes niederzulegen. Ich weigerte mich weiterhin, diesen Vorschlag anzunehmen. Mein Schmerz wurde immer stärker und schließlich habe ich mit dem Herrn verhandelt. «Nehmen wir an, daß es dich gibt und du mich heilen könntest, was würdest du dafür verlangen? Und außerdem sind hier ein Haufen Leute, die sicher kränker sind als ich, warum heilst du nicht diese?»

Danach wurde der Schmerz so unerträglich, daß ich nicht mehr konnte und ausrief: «Jesus, hilf mir!» Sofort verschwanden alle meine Schmerzen. (Sie sind seitdem niemals wiedergekommen.) Gleichzeitig fühlte ich es in mir wie eine innere Befreiung: ein großer Friede und solch eine Freude, daß ich herumsprang wie ein Junge.

Als ich wieder daheim in den USA war, habe ich begonnen, alles zu verschlingen, was ich über Medjugorje finden konnte. Als ich über ein Heilungs- und Bekehrungszeugnis nachsann, schien es mir, daß der Herr mir persönlich die Frage stellte: «Thomas, willst du glauben, daß alles, was mit dir geschehen ist von mir kommt?» Im gleichen Augenblick wurde ich von Liebe erfüllt und verspürte den großen Wunsch zu beichten. Dann ließ ich alles stehen und liegen und ging geradewegs in die Kirche unseres Viertels, in die ich seit 25 Jahren keinen Schritt mehr getan habe. Dort fand ich einen Priester, beichtete und machte die Erfahrung der großen Barmherzigkeit des Vaters.

Dann ging ich leichten Herzens zu meiner Arbeitsstelle zurück: ein berühmtes Haus des amerikanischen Fernsehens. Auf dem Weg dorthin versprach ich dem Herrn eine Wallfahrt nach Medjugorje zu organisieren, um ihm würdig für die empfangenen Gnaden zu danken.

Bald wurde die Reiseagentur, mit der ich wegen dieser Wallfahrt verhandelte, ärgerlich, weil ich noch immer keine genügende Anzahl von Pilgern angeben konnte, um diese Wallfahrt «rentabel» zu machen. Ein bißchen naiv und mit nassen Füßen sagte ich zum Herrn: Also gut, wenn du diese Wallfahrt willst, hilf mir aus der Klemme, daß ich Leute finde. Am gleichen Nachmittag informierte mich ein Telefonanruf von Bekannten über einen Medjugorje-Abend. Er fand am gleichen Abend in meiner Stadt statt.

Im Laufe des Abends, nach der Messe und dem Rosenkranz, war die Person, die das Zeugnis zusichern sollte, noch immer abwesend. Der Priester, der es organisiert hatte, bat mich also, an deren Stelle Zeugnis abzulegen. Das paßte mir nur halb. Ich hatte meine Sache nicht vorbereitet, und auch den Chef des Fernsehens nicht gefragt, ob er einverstanden ist, daß einer seiner Journalisten in der Öffentlichkeit eine Position einnimmt, der nicht in den Rahmen der Tendenz seines Hauses paßte. Ein bißchen gezwungen begann ich also zu reden. Sehr schnell sprudelten meine Worte wie eine Quelle hervor und berührten die Leute. Nach diesem «Auftritt» ergriff mich eine Angst: und wenn mich mein Chef «wegen dieses Verstoßes gegen die Sitten des Hauses» hinausschmiß? Und wie soll ich ihm von diesem Abend erzählen, der ihm früher oder später berichtet wird, wer weiß wie? Zu meiner großen Überraschung bat mich mein Chef, der schon auf dem laufenden war, von all dem im Fernsehen Zeugnis abzulegen. Und dieses Zeugnis, das über den kleinen Schirm ging, hat die Leute so berührt, daß mein Flugzeug schnell voll wurde.

So begann, was ich glaube, daß meine Sendung ist: einer größtmöglichen Anzahl von Personen erlauben, nach Medjugorje zu kommen, «um die Gnaden zu atmen», die dort anzutreffen sind. Heute mache ich nur noch das. Diese Botschaft bekanntzumachen und zum Leben zu bringen, sind zu meinem Leben geworden. In diesem Leben, das offen ist für das Reich Gottes, erlebe ich so viel Freude, daß ich meinen aufregenden Beruf von früher nicht betrauere. Was gibt es Aufregenderes, als den Hl. Geist konkret am Werk zu sehen? Und das im Herzen oder im Leben so vieler Menschen? (NM und ST., 30. März 1995).

2. Von Seiten der Intelligentia

Ein neuerer Theologe

Pater Michael O´Caroll, CSSP, aus Dublin (Irland) bezeugt:

Medjugorje hat mir Kraft gegeben und mein Leben unermeßlich bereichert. Als Theologe hat mir Medjugorje neue Kraft zur Hoffnung auf die glückselige Jungfrau gegeben, die fähig ist, die Welt zu verändern. Medjugorje hat mir erlaubt, ein klares Bild von der Theologie zu haben, was die katholische Lehre von der Eucharistie anbelangt. Ich habe ein detailliertes Buch über die Eucharistie und den Hl. Geist veröffentlicht. Ich glaube, daß mir das niemals gelungen wäre, wenn ich nicht mehreremale in Medjugorje gewesen wäre. (NM, September 1994, S. 8b).

Michael Scanlan, Franziskaner und Rektor der Universität Steubenville (Ohio, USA)

«Ich habe von den Ereignissen in Medjugorje im Dezember 1982 erfahren, als ich mir einen Videofilm von Frater John Bertolucci und Bobbie Canvan ansah. Ich war tief berührt von ihrer Erfahrung.»

In der zweiten Januarhälfte war ich bei einer Versammlung für Priester und Bischöfe in Rom. Am Ende dieser Versammlung beschloß ich mit zwei andern Priestern, nach Medjugorje zu gehen. Wir nahmen das Flugzeug bis Dubrovnik, und von da weg mieteten wir ein Auto. In Medjugorje besuchten wir zuerst die Kirche, dann das Presbyterium. Wir trafen Frater Tomislav Pervan, der mich sofort erkannte nach einem Foto eines Buches, das er gelesen hat.

Frater Jozo Zovko war gerade aus dem Gefängnis entlassen, und ich konnte mich lange mit ihm unterhalten. Frater Tomislav Vlasic beschäftigte sich dann mit den Sehern, und wir konnten uns auch mit ihm unterhalten.

Mit tiefer Überzeugung sagte ich schließlich zu ihnen: «Ich bin nicht hier, um zu untersuchen, ob die Erscheinungen wirklich sind. Ich bin stark überzeugt davon, daß sie das Werk Gottes sind. Ich bin vielmehr hier, um dem Werk des Herrn besser zur Verfügung zu stehen, das sich hier entfaltet.» Am Abend war ich mit den anderen Personen bei der Erscheinung dabei. Kniend neben den Sehern habe ich die Erfahrung einer mächtigen Gnade des Friedens gemacht, ebenso die Erfahrung der starken und mächtigen Gegenwart der Jungfrau. Die Synchronizität der Seher hat einen großen Eindruck auf mich gemacht. Sie stellte für mich die einzige plausible Erklärung dar, daß alle das Gleiche sehen und auf die Fragen ein und derselben Person antworten.

Die eucharistische Feier dieses Abends war grandios. Am Ende haben wir für die Heilung gebetet und für gewisse Personen, die sichere Anzeichen einer Verbindung mit den Mächten des Bösen anzeigten. [...] Nachher war ich noch viermal in Medjugorje. Jedes Mal war ich tief gerührt durch die Gegenwart Gottes und der Jungfrau, durch den Glauben des Volkes und die sichtbaren Wunder der Liebe und der Macht Gottes, die hier so gegenwärtig sind.

Bei einer dieser Wallfahrten war Tom Managham bei mir. Er beschloß, 40 Studenten unserer Universität finanziell zu helfen, die ganze Woche in Medjugorje zu verbringen. Diese Wallfahrt fand ein großes Echo und hatte ein stürmisches Resultat an unserer ganzen Universität. Als diese jungen Leute aus Medjugorje zurückkehrten, änderten sie ihr Leben und bezeugten dies vor anderen Studenten.

Damals begannen wir an unserer Universität Steubenville die Botschaften von Medjugorje konkret zu leben, das heißt, zahlreiche Gebetsgruppen zu bilden, jeden Tag die Messe in Gegenwart der meisten Studenten zu feiern, zu beten, zu fasten und zur monatlichen Beichte einzuladen. Seit damals hat sich das geistliche Leben der Universität unter vielfältigen Formen entfaltet.

(An der Universität von Steubenville, die ich besucht habe, besuchen mehr als die Hälfte der Studenten, die ungefähr 3000 ausmachen, täglich die Messe. Das ist die einzige katholische Universität in der Welt, wo man das feststellen kann. Wo fände man eine weitere, an der es 1000 oder 50 Studenten ähnlich machten? [Jelena von Medjugorje wurde dort ausgebildet.]

«Eineinhalb Jahre später, bei der Gelegenheit einer Rückkehr nach Rom, haben sechs Priester (darunter ich) einen Wagen gemietet, um sich nach Medjugorje zu begeben. Bei unserem letzten Anhalten vor Medjugorje haben wir zwei Busse vollgestopft mit Priestern getroffen. Ich habe zu ihnen mit Begeisterung von Medjugorje gesprochen. Keiner von ihnen war schon dort. In Folge dieses Zeugnisses sind sie umgekehrt, um uns bis Medjugorje zu folgen.

An Ort und Stelle konnten sie der Erscheinung beiwohnen. Die Reaktion dieser Priester (ungefähr hundert) war einstimmig: alle sahen und alle glaubten. Sie konnten daran nicht zweifeln, was sie gesehen und selbst erlebt hatten» (NM, April 1995, S. 5).

Entdeckung eines Journalisten

Eine bemerkenswerte Journalistin von *L'Homme nouveau* (französische katholische Zeitschrift), Geneviève Esquier, die lange Redakteurin des Leitartikels von der ersten Seite war, erzählt:

«Durch Gehorsam dem Rat eines Priesters gegenüber und nicht aus persönlicher Überzeugung habe ich an einem Morgen 1994 das Flugzeug mit Bestimmungsort Medjugorje bestiegen. Es handelte sich für mich darum, einen Gang zur Jungfrau zu unternehmen. Der Ort dieser Wallfahrt bedeutete mir wenig, nur daß er von der Kirche nicht verboten war. Ich flog also ab, trotz einigem Widerstreben, zu dieser Pfarrei in der Herzegowina.

Um die Wahrheit zu sagen, so hatte ich 1984 die Existenz der Erscheinungen in Medjugorje entdeckt, dank dem *L'Homme nouveau* und dem Zeugnis mehrerer Freunde, die sich zu dieser Zeit dorthin begaben. Ich glaubte daran, aber hielt es nicht für wichtig genug, selbst dorthin zu gehen: ich war grob informiert und mich störte die erstaunliche Verlängerung dieses "Phänomens" auf viele Jahre. [...]

Ja, in den wenigen Stunden, die unserer Ankunft in Medjugorje folgten, und ohne daß irgend etwas anderes geschehen war, als das Beten des Rosenkranzes in der Pfarrei, die sich unsere Gruppe angeschlossen hatte, hatten mich seit diesem Abend eine tiefe innere Heiterkeit und eine friedliche Freude ohne äußeren Grund und trotz meiner Sorgen ergriffen.

Die Seher selbst waren nicht da, sondern für eine Woche ins Ausland abgereist (gerade die Woche unserer Ankunft). Dennoch wurden von den ersten Augenblicken an meine Zweifel geringer, ich verstand, daß Maria in einer besonderen Art ganz nahe war und uns herzliche Gnaden gewährte, bevor man sogar begonnen hatte, sie darum zu bitten. Das erste Mal verspürte ich wirklich Durst, meinen Rosenkranz zu beten» (NM, November 1994, S. 6a).

3. Von Seiten des geistlichen Lebens

Bruder Ephraim, Gründer der «Gemeinschaft der Seligpreisungen», geistlicher Autor

«Persönlich habe ich so viele Gnaden empfangen, ich habe so viele wunderbare Früchte in Medjugorje und der ganzen Welt gesehen, daß ich an der Echtheit der Tatsachen und der geistigen Wirklichkeit der Ereignisse nicht zweifle. Selbst wenn ich zweifeln würde, könnte ich nicht unbeteiligt bleiben von der Suche, dem Durst der 16 Millionen Pilger, die sich an diesen Ort begeben haben, wo nichts Sichtbares geschieht, aber wo die Herzen umgewandelt werden und wo eine Pfarrei intensiv das sakramentale Leben lebt. Meiner Verantwortung bewußt, habe ich mich nach Rom begeben, um die Meinung des Hl. Vaters kennenzulernen. Ich wurde von einem vertrauten Bischof Johannes Pauls II. empfangen, der gleichzeitig wie dieser in Rom im Kremlsaal (Monsignore Hnilica) die Welt und Rußland dem Unbefleckten Herzen Marias geweiht hat, und ich habe verbindliche Sätze gehört. Der Hl. Vater ist mit Schwester Lucia überzeugt, daß Medjugorje die Fortsetzung von Fatima ist und daß es ein Ort der Erziehung, der geistlichen Wiedererweckung für die Kirche ist.»

Robert Faricy, Professor für Spiritualität an der Gregoriana

«Das Schweigen der Kirche ist beredt... Wenn es irgendwas Falsches oder Gefährliches in den Erscheinungen oder als Folge der Erscheinungen gäbe, so ließe sich die Stimme der Kirche vernehmen. Das Schweigen bedeutet: Bis jetzt ist alles in Ordnung. Tausende von Priestern haben Medjugorje besucht und sind Zeuge der Ereignisse und des Wandels, der im Herzen der Gläubigen vor sich geht. Hunderte von Spezialisten haben diese Ereignisse untersucht, studiert und unter die Lupe genommen mit positivem Ergebnis. Der geistige und menschliche Wert der jungen Seher und die guten Früchte sind der beste Beweis für die Echtheit. Mein Urteil ist also formell positiv.»

Wenn Medjugorje einfache Menschen zur Mystik führt

Medjugorje wirkt in mir noch sehr tief nach. Es ist wie eine Arbeit mit Tiefe. Es ist wie ein Unterricht: ein neuer Anfang. Es geht mir jetzt so viel besser.

Ich wurde wirklich von Gnaden überhäuft, die mich Jesus sehen und fühlen ließen, vor allem in seiner Passion am Kreuz. Ich fühlte auch, daß ich mich von ihm entfernt hatte.

Es ist, als ob er nicht da wäre, obwohl ich weiß, daß er da ist. Das ist wie eine Wüste, eine Wunde. Ich rufe, aber Jesus antwortet mir nicht. Dennoch liebe ich ihn immer, ich leide, ich bin mir bewußt, daß es ohne ihn kein wahres Leben gibt. Er ist ganz in mir und dennoch antwortet er mir nicht mehr. Nichtsdestoweniger hoffe ich, denn ich fühle, daß das die Läuterung ist, und ich bin mir bewußt, daß ich nichts bin. Ich bin ein Nichts, und dennoch, in diesem Nichts bemerke ich, daß Gott das Leben ist und daß es nirgends sonst sein kann als in ihm. Das ist vielleicht die Feuerprobe. Ich weiß es nicht. Andererseits lerne ich in diesem Nichts wieder zu beten mit dem Herzen, indem ich ganz einfache Worte wie ein Kind benütze und ich fühle, wie ich ein Kind werde.

[Ohne es zu bemerken, hat er die Erfahrung der geistigen Nacht gemacht. Er drückt es sehr richtig aus.]

In diesem Nichts erkannte ich, daß Gott groß ist, unermeßlich groß, daß ihm nichts entgeht und daß ich ihm alles verdanke; und vor allem weiß ich, daß er mich liebt und daß er alle liebt, und daß wir wichtig sind in seinen Augen (J.L. a J: in der Bretagne, 18. Januar 1995).

[Der Gleiche, 29. Januar 1995]:

Als ich nach Medjugorje ging, wo ich viel empfangen habe, habe ich alle meine Freunde verloren. Ich wurde wie ein «Übeltäter» behandelt, der sich an den Opfern des Krieges laben wollte. Das ging so weit, mir zu wünschen, in den Händen der Serben zu bleiben. Machen Sie sich bewußt: das von den besten Freunden zu hören, welches Leid, welch harte Wirklichkeit! Dennoch mußte ich über die Worte nachdenken, die ich innerlich hörte: «Frei! Sei frei! Mach dich frei!» Ich verstand nicht. Heute kann ich den Inhalt dieser Worte besser abschätzen. Aber heute, allein und geistig besser gerüstet, kann ich und will ich mein Kreuz weiter tragen, unter meinen Brüdern und Schwestern, um die Liebe Jesu zu bezeugen. [...] Jesus ist gut und schön. Wie sollte man da nicht versuchen, ihm zu folgen: Wie wird die Messe schön! Was ist die Beichte für eine Heilung, und wie gut und heilsam ist die katholische Kirche.

[Dieser Brief erwähnt auch die Unterstützung, die für ihn die Lektüre von Maria Valtorta bedeutete.]

Überwundene innerliche Verwundungen

Ich habe viele große Schwierigkeiten gekannt und kenne sie noch, mit inbegriffen Enttäuschungen auf der Gefühlsebene [deren eines der Probleme von seinem Vater kam].

Ich bin 1990 zweimal nach Medjugorje gegangen (April und Weihnachten), nicht ohne eine sehr eigenartige Anziehungskraft für die Slaven.

Sie möchten vielleicht denken: Mein Briefpartner hat Gefühle bezüglich der Jungfrau und den Werten des Ostens. Träumt er? Nein. Denn die Jungfrau hat in Medjugorje gesagt: «Liebt eure kommunistischen Brüder! Rußland ist das Volk, bei dem Gott am meisten verherrlicht wird.»

In Medjugorje drückte ich die Hand von Vicka und Marija. Diese Wallfahrt war der einzige selten heitere Augenblick meines Lebens.

[Nachdem er von den schlimmen Schwierigkeiten mit einer der Familie nahestehenden Person erzählt hat, fährt er fort]:

«Wenn ich mit ihm spreche, endet das immer mit Gleichgültigkeit oder Zorn seinerseits, aber ich wende mühelos das an, was die Erscheinungen lehren: die Liebe zu den Feinden. Ich habe keinen Haß gegen ihn. Ich empfinde nur verletzte Liebe. Für mich ist es kein Feind (und übrigens auch kein Freund). Ich habe von diesem schweren Problem zum Seher Ivan gesprochen und er hat mir gesagt, daß er sich so gut er kann mit der Jungfrau arrangieren wird.

Trotz aller Schicksalsschläge: Seit ich in ihren Büchern gelesen habe, daß die Seher nichts dramatisieren und an die Zukunft glauben, tue ich das Gleiche. Ich kann Ihnen sogar versichern, daß, wenn ich vom ökologischen Desaster sprechen höre, ich Spaß habe und überhaupt keine Furcht empfinde.» (Korrespondenz, die speziell an den Autor gerichtet ist.)

Totale Opfergabe

«Wir haben an die Liebe geglaubt (s. 1 Joh 16), und die Liebe Jesu ließ uns wieder umkehren vom Grund der Sünde und der Leiden, die von den Menschen gekommen sind, als wir uns dieser gekreuzigten Liebe und der Macht des Heils preisgaben. Maria sucht Seelen, die sich ganz Jesus anbieten für die Menschen. So wie er sein Leben für uns hingegeben hat, so müssen wir es auch für unsere Brüder hingeben. Und wenn es keine große Liebe gäbe, die sich im Leiden ausdrückt, wäre das ja Freude und Friede in der Gewißheit. Nichts wäre verloren von jedem Augenblick unserer Existenz und unseres Leidens, wenn wir der Ursache der Liebe dienen.

Zu dieser Opfergabe hat uns Maria in Medjugorje aufgerufen; und so viele Seelen haben sich so in ihren Dienst gestellt, wie diejenigen, die sich zusammenschlossen in der Gemeinschaft "Königin des Friedens, ganz dein", die jetzt solide begründet ist und im Wachsen begriffen, nach einem harten Noviziat, ohne die 50 Bruderschaften von offenen Seelen, die in Italien und außerhalb verteilt sind, mitzuzählen, die alle vom gleichen Geist belebt werden. Die Verantwortlichen dieser Bruderschaften haben sich für einige Tage in Loretto zurückgezogen, Ende Januar, mit Hilfe von Pater Antonio Carapellese, der uns zum existentiellen Gebet geführt hat, zur Begegnung mit dem lebendigen Gott und uns mit soviel Salbung die biblischen Fundamente des Aufrufs dieser Opfergabe seiner selbst auseinandersetzte, um ein lebendiges eucharistisches Opfer zu werden.

Zwanzig verantwortliche Priester dieser Bruderschaft haben sich dann im Kloster Santa Maria di Colle Romano in Penne (PE) versammelt: einer der drei Sitze der Gemeinschaft, vom 13. bis 17. Februar, unter der Leitung von Tomislav Vlasic. Mit inspirierter Tiefe und der Einfachheit, die ihn kennzeichnen, hat er im Priestertum die Fortsetzung der radikalen Opfergabe der Liebe Jesu zum Vater für die Seelen offengelegt.

Diese Exerzitien, die vorbereitet und begleitet waren von so vielen Gebeten und soviel menschlicher Wärme von seiten der Jungen der Gemeinschaft, hat bei allen, die dort waren, eine tiefe Zustimmung zum Geist des Opfers bewirkt, gemäß der Forderung Marias, und das zieht eine unauslöschliche Spur in ihr Amt.»

Was mich die Jungfrau in Medjugorje lehrte

«Bei der Rückkehr von meiner ersten Wallfahrt nach Medjugorje im September 1985 wurden mir große Gnaden geschenkt. Seit damals nimmt mich Maria jeden Tag an der Hand und hilft mir, Schritt für Schritt auf dem Weg der Heiligkeit fortzuschreiten, das heißt auf dem Weg, der durch ihren Sohn Jesus zu Gott führt.

Jeden Tag muß ich mein "Ja" an Maria erneuern, um mit ihr vorwärtszukommen. Maria zwingt uns nicht, sie hilft uns, voranzuschreiten, wie eine Mutter jeden Tag Schritt für Schritt lehrt, groß zu werden. Maria hat mich zuerst gelehrt, mit dem Herzen zu beten, darüber nachzudenken, was ich schon gebetet hatte, dann in Beziehung zu treten mit ihrem Sohn Jesus durch die Meditation der Geheimnisse.

Wenn ich mich durchtränke mit diesen Geheimnissen, durchtränke ich mich mit Jesus und ich werde mir der Fehler mehr bewußt, die ich gegen ihn begehe, wenn ich es gegen meinen Nächsten an Liebe fehlen lasse. Ja, dank der Meditation der freudenreichen, schmerzhaften und glorreichen Geheimnisse begegne ich Jesus in den anderen, und ich werde mir des Guten oder Bösen bewußt, das ich ihm durch sie zufüge. Durch die Geheimnisse des Rosenkranzes mache ich auch meine Gewissenserforschung, indem ich mir zum Beispiel diese Fragen stelle:

— Habe ich zu Gott "ja"» gesagt wie Maria?

— Bin ich wie sie empfänglich. [...]

— Quäle ich meinen Nächsten durch gemeine Worte?

— Kann ich die Kritik, die an mir geübt wird, demütig hinnehmen?

— Verzeihe ich regelmäßig wie Jesus am Kreuz?

Nach mehreren Jahren der Meditation habe ich das Sakrament der Versöhnung entdeckt, das Maria uns vorschlägt, mindestens einmal im Monat zu erleben. Dieses Sakrament bringt mich wieder dem Herzen Jesu nahe und reinigt mich von so vielen Verfehlungen.

Maria verlangt auch, jeden Tag die Bibel zu lesen, sie in seinem Haus in Erscheinung treten zu lassen, zu fasten und jeden Tag der heiligen Messe beizuwohnen, wenn es möglich ist, wenn nicht, so einmal mehr als am Sonntag.

Dieses "Ja" zu Gott ist nicht immer leicht. In schwierigen Momenten ist die Bibel wie ein Augenzwinkern des Herrn, der mir sagt: "Laß mich nicht fallen."

Das Fasten ist eine schwierige Askese, sogar eine sehr schwierige, aber wenn ich mit Liebe für das Heil der Welt faste, wird es mir viel leichter, denn dann füllt sich der Tag mit Gebeten. Lassen wir uns von Maria führen.» (Marguerit Raymonde, Schweizer Pilgerin in NM, Februar 1995, S. 7.)

Die Entdeckung des Rosenkranzes

Ich hatte viel Mühe zu verstehen, wie man fünfzigmal dasselbe beten kann. Doch ein plötzliches Erwachen ist schließlich eingetreten und ich verstand, daß das Rosenkranzgebet das vorzüglichste Mittel ist, um durch Maria mit Jesus und der Welt in Verbindung zu stehen. Der Rosenkranz bietet mir Gelegenheit, an die großen Sorgen der Welt zu denken, und sie mit Maria Gott anzuvertrauen. Es ist so einfach, bei jedem Ave eine Intention einzufügen, und so wird der Rosenkranz eine tägliche Gemeinschaft mit allen.

Nach «Heilige Maria, Mutter Gottes, bitte…, führe ich bei jedem Ave hinzu:

— für die Einheit der Kirche,

— für die Priester,

— für den Frieden in der Welt,

— für unsere Pfarrei,

— für meine Eltern,

— für die Ruhe der Seele von…

Und ich fahre fort: Bitte für uns Sünder, jetzt und in der Stunde unseres Todes. Amen» (Luc, Pilger aus der Schweiz. in NM., Februar 1995).

4. Von seiten der Berufungen

Geistliche Heilung

«Ich heiße Robert Rieger, bin 27 Jahre alt und in Palmerton, Neuseeland, geboren. Wir waren sechs Brüder und eine Schwester. Unsere Eltern liebten sich und liebten uns. Wir sahen und hörten sie paarweise beten, und wir schlossen uns spontan an dieses Gebet an. Wir beteten in der Familie und Mama ermunterte uns zum persönlichen Gebet. Bevor ich einschlief, geschah es oft, daß ich sagte: "Herr, wenn es dein Wille ist, gib mir die Gnade, Priester zu werden." Ich hatte auch eine besondere Liebe zur Jungfrau.

Mit vierzehn Jahren hat mein Leben eine Wende genommen. Durch die Neugierde ließ ich mich in der Schule durch Erfahrungen der frühreifen Sexualität mancher beeinflussen, und ich trat ebenfalls in die Welt der Pornographie ein. Mein Glaubens- und Gebetsleben bekam das zu spüren. Meine Beziehung zu Gott wurde weniger spontan, weniger fröhlich, weniger häufig. Gegenüber Maria schämte ich mich, und ich verdrängte meinen Wunsch, Priester zu werden. Mein Glaube kauerte sich in mir ganz in eine Ecke zusammen und mein moralischer Sinn stumpfte soweit ab, daß ich den Begriff der Sünde und der Barmherzigkeit Gottes verlor. In der Bar, wo ich nachts arbeitete, sprach ich in selbstgefälliger Weise von religiösen Dingen und meinte, alles zu wissen.

Dann begab ich mich daran, andere Religionen und Philosophien zu studieren. Schritt für Schritt beschränkte sich meine religiöse Unterweisung auf Experimente jeglicher Art. Und meine Studien in Psychologie, in Soziologie und Philosophie nährten vor allem meinen Stolz ums Wissen. Ich hatte einen Freund, mit dem ich stundenlang diskutieren konnte. Letzterer hatte einen Meister, der ihn unterrichtete und der mich durch seine Güte, seine Großzügigkeit und Offenheit allem und allen gegenüber begeisterte... Eigenschaften, die ich soweit bei den Katholiken nicht gefunden hatte.

Die Jahre vergingen. Die Ereignisse meines Lebens ließen mich meine Entfernung von Gott entdecken. Diese Entdekkung quälte mich. Und da er mich verlassen hatte und andere mich ihrerseits auch, litt ich sehr. Damals ging ich zu diesem Meister und eröffnete ihm mein Herz. Er hat mich mit großer Zuvorkommenheit angehört, dann sagte er mir, daß mein Platz und mein Glück sich da finden ließen, wo ich meine Wurzeln habe: in der katholischen Kirche. Eines Tages sagte er mir geradeheraus:

— Tauche zu deinen Wurzeln hinab und außerdem braucht ihr Katholiken Maria um zu wachsen. Deshalb wäre es auch gut, nach Medjugorje zu gehen.

Ich bin diesem Rat gefolgt und habe mich auf die Wallfahrt nach Medjugorje aufgemacht, überzeugt davon, daß mich der Hl. Geist führen würde. Und das ist auch geschehen. Ich habe einen großen inneren Frieden erfahren und habe die Liebe Gottes und Marias kennengelernt und gekostet. Ich bin wieder zum Gebet und den Sakramenten zurückgekehrt. Ich wußte nicht, wie ich diese Freude fassen könnte, die mich überfiel, so stark war sie. Nach so viel Irrfahrt war ich nach Hause zurückgekehrt. Und wie geduckt in den Armen der Mutter habe ich ihre geistliche Kindschaft und ihre Früchte kennengelernt: Einfachheit, Frieden, Freude. In dieser inneren Sicherheit konnte mich kein äußeres Ereignis erschüttern. Ich habe gelernt, dem Gott meiner Väter entgegenzugehen und die Kirche besser kennenzulernen und mehr zu lieben.

Allen, die in Zweifel sind und denken, daß das Erfahrungen der menschlichen Psychologie sind, möchte ich sagen:

— In Medjugorje habe ich die Kraft erhalten, die Ketten der Sünde zu zerbrechen, die mich schon so lange gefangenhielten, und meine Wunden sind vollkommen geheilt worden. Für mich ist der Grund die Gnade, die in Medjugorje so gegenwärtig ist.

Seither bin ich von dem brennenden Wunsch beseelt, mein Leben für alle verwundeten Menschen in der Welt anzubieten. Ich bin in der Gemeinschaft *Oasis de la Paix* geblieben, wo sich meine Wahl gefestigt hat.

Seitdem habe ich bei meiner Rückkehr meine ewigen Gelübde abgelegt, und jetzt beende ich meine Theologie, um zum Priester ordiniert zu werden. Meine Lebensführung soll mir erlauben, das Mitleid und die Barmherzigkeit Gottes für jeden Sünder auszuüben» (NM, 6. Dezember 1994, S. 5).

Berufungen in Medjugorje Zwei amerikanische Zeugnisse

«Ich heiße Rick und bin 1989 hierhergekommen. Ich entsprach einer innerlichen, nicht gänzlich klaren Einladung. Ich war 23 Jahre alt und hatte keine Vorstellung von dem, was mit mir dort geschehen sollte. Aber während dieser Woche empfing ich die Gabe, die bedingungslose Liebe zu entdecken, die Jesus und seine Mutter für jeden von uns haben, die wir ihre Kinder sind. Ich nahm wahr, daß die, die um mich herum waren, das Gleiche begriffen.

Bei jeder Eucharistiefeier nahm eine große Menge Gläubiger teil. Die Schlangen für die Beichte überstiegen jede Vorstellung. Ich habe Freudentränen gesehen, ich habe die Macht des Gebets verstanden, denn wirklich alle meine Gebete wurden erhört. Bei der Rückkehr nach Hause nahm mein Wunsch zu beten zu, und ich verstand immer mehr, daß der Herr mich führte und in den Orden des hl. Franziskus berief. Seit fünf Jahren bin ich Theologiestudent und in einigen Jahren werde ich Priester sein. Das Gebet ist der wichtigste Teil meines

Tagesablaufs, und ich fühle noch immer die unendliche Liebe Gottes, der mich zärtlich führt.»

«Ich heiße John. Ich war Protestant. Als ich die Geschichte in der Episkopalkirche studierte, entdeckte ich, daß die katholische Kirche die volle Wahrheit besitzt. Ich bin in Medjugorje 1991 angekommen, inmitten großer Schwierigkeiten, um humanitäre Hilfe zu bringen. Bei mir waren zwei Mitglieder der gleichen Episkopalkirche, die dann katholisch wurden. Bald fühlte ich mich ganz wie zu Hause. Ich betete zu Gott, mir zu helfen, seinen Willen mich bezüglich zu verstehen. Ich sagte: “Ich bin bereit, für dich alles zu tun, sogar Priester zu werden.”

In diesem Augenblick ist Frieden in mein Herz eingekehrt. Ich meinte, Priester in der Episkopalkirche zu sein und eine Familie zu gründen.

Die beiden Priester meiner Kirche halfen mir, die katholische Tradition zu entdecken. Das waren Priester, die Maria entdeckt hatten. Einer von ihnen war nach Medjugorje gegangen. Nach einem Jahr Studien habe ich den großen Schritt vorwärts gemacht. Ich habe mich entschlossen, auch katholisch zu werden, und als solcher beschloß ich, in eine Missionsgemeinschaft einzutreten, die von *Notre-Dame de la Sainte Trinité*. Medjugorje hat mir geholfen, meine Berufung zu entdecken und wird mir helfen, auf meinem ganzen Weg mit der Gnade zusammenzuarbeiten.» (Pressebulletin und Eco 118, 5.)

Eine durch Medjugorje wieder aufgelebte Berufung

[Ernst Strachwitz hat dieses Zeugnis Anfang August 1994 beim Jugendfestival gegeben]:

«Mit 15 Jahren habe ich das erste Mal den Ruf des Herrn gehört. Aber zwischen diesem Ruf und meiner Antwort sind 20 Jahre vergangen. Zuerst arbeitete ich in einer Bank, dann folgte ich einer Theaterausbildung. Während zwölf Jahren übte ich den Beruf als Schauspieler bei verschiedenen Auftritten aus. Dieser Beruf erfüllte mein Leben völlig, und trotz eines Lebens der Sünde, das mir eine große innere Leere bereitete, war Gott nicht gänzlich abwesend. Eine Liebesenttäuschung mit Trennung war der Auslöser dafür, meine Lebensweise in Frage zu stellen. [...] Ich begann zu beten und ich bat meine Mutter, das Gleiche zu tun (nichts auf der Welt hat soviel Einfluß auf das Herz Gottes wie das Gebet einer Mutter für ihr Kind). Zu dieser Zeit hatte ich schon von Medjugorje gehört, aber ich fühlte mich nicht betroffen. Ich war sogar sehr verärgert, als meine Tanten von Medjugorje zurückkamen und ihren Rosenkranz schwangen. Eines Tages sagte eine von ihnen zu mir: “Komm doch mit uns.”

Ich war einverstanden zu sehen, wie es wäre, und ich begleitete meine beiden Tanten drei Tage nach Medjugorje. Den ersten Tag war ich sehr genervt, aber am dritten Tag hatte ich keine Lust mehr, diesen Ort zu verlassen. Drei Wochen später bot sich die Gelegenheit, dorthin zurückzukehren. Dieses Mal für fünf Tage. Während dieser fünf Tage ist mir etwas Bemerkenswertes passiert: Während des Gebetsprogramms in der Kirche von Medjugorje, das ich hinter einer Säule verfolgte, hat ein Blitz mein Herz durchzuckt. Und seitdem beseelte mich der brennende Wunsch, Priester zu werden. Ich ärgerte mich nicht darüber. Im Gegenteil! Also ohne über die Folgen nachzudenken, sagte ich “Ja”. Dieses Ja war ein Geschenk der Mutter Gottes, und die Gebete meiner eigenen Mutter halfen mit.

Als ich das Pater Slavko erzählte, war er überhaupt nicht beeindruckt. Er riet mir, mein gewöhnliches Leben fortzusetzen und die Einsamkeit mit Gott zu erforschen, indem ich an Exerzitien mit geistlicher Ausrichtung teilnahm.

— Vor allem keine hastige Entscheidung. Mit der Mutter Gottes sind wir in der Schule der Geduld, sagte er zu mir.

Ich bin diesem Rat gefolgt und habe eine immer festere Liebe zu Jesus und Maria erfahren. Denn von diesem Augenblick an ist ein Gnadenregen auf mich nierdergegangen. Anfangs erhielt ich das Geschenk, die Botschaften Maria bald in die Praxis umsetzen zu können. Dann, wo ich auch war: in Berlin, in Frankfurt oder in Wien, bot man mir systematisch eine Wallfahrt nach Medjugorje an. Die folgende Zeit erlebte ich wie dauernde Exerzitien. Medjugorje ist so meine zweite Heimat geworden.

Eine immer festere Liebe zu Jesus und Maria schlug in mir Wurzeln. Sie hat mich Schritt für Schritt geführt: einen Schritt nach dem anderen. Mit ihr läuft man nicht schneller, als die Beine tragen können. Unter ihrer Führung lebte ich beinahe eineinhalb Jahre ohne mir über die Verwirklichung meines Wunsches, Priester zu werden, Sorgen zu machen. Alles kam rechtzeitig zu mir, wie auf einem Tablett. Die Anheimgabe an die Liebe hat mich bis zum Priestertum geführt.

Am 25. Juni 1994, dem 13. Jahrestag der Erscheinungen in Medjugorje, habe ich in Wien die Preisterweihe empfangen, und es war mir gegeben, in Medjugorje meine erste Eucharistie als Priester zu feiern. Habt keine Angst, dem Ruf Gottes zu folgen. Fürchtet euch nicht davor, zu ihm "ja" zu sagen, selbst wenn ihr große Sünder seid. Gott ruft auch die Sünder, ihm zu folgen und es scheint sogar, daß Gott besonders den Sünder liebt, damit er ein demütiger Diener seines Reiches wird.»

Ein in Medjugorje bekehrter Priester

Jacques und Ute Clostermans, die die *Nouvelles de Medjugorje* leiten, und ebenso die verschiedenen geistigen Aktivitäten und materiellen Verbindungen, erzählen:

«Jacques und ich wurden von Pfarrangehörigen von Anthee (Belgien) in Hinblick auf einen Abend *Zeugnis-Gebet-Medjugorje* angegangen. Dreimal wurde dieser Abend abgesagt, und wir fragten uns: "Was steckt dahinter?"

Wir erfuhren so, daß der Pfarrer dieser Pfarrei nicht einverstanden war, daß man in seiner Kirche von Medjugorje spräche. Darum haben wir zu diesen Pfarrangehörigen gesagt:

— Besteht nicht darauf. Sie verärgern ihren Pfarrer. Maria würde nicht so handeln.

— Was sollen wir dann tun? Alles aufgeben?

— Nein, sicher nicht, aber mehr als von Medjugorje sprechen, muß man die Botschaften in stiller Liebe leben. Denn diese Botschaft des Friedens zu bezeugen, bedeutet vor allem, beten, fasten, verehren.

Wir haben also begonnen, jeden Tag ein Rosenkranzgesätz in der Meinung dieses Pfarrers zu beten, und den Herrn vor dem hl. Sakrament zu bitten, ihn überreichlich zu segnen.

Ein Jahr später trat die Pfarrei wieder mit uns in Verbindung. Bei der Gelegenehit des Maimonats wollte der Pfarrer einen erneuerten Rosenkranz organisieren. Ohne sich bewußt zu sein, wer wir waren, bat er uns herzlich, nach Anthee kommen zu wollen. Er hatte von unserer Rosenkranzsitzung in Beauraing gehört und wünschte solch eine Belebung auch bei sich.

Wir begaben uns daran, diesen Gebetsabend vorzubereiten.

In letzter Minute ein wenig ängstlich, gaben wir unsere Pläne auf, da wir gewisse Ängste des Pfarrers wahrnahmen, der uns empfing, und der immer noch nicht wußte, wer wir waren. Wir haben dem Pfarrer den ersten Platz eingeräumt. Wir baten ihn, den Satz des Evangeliums, der die Rosenkranzgeheimnisse einleitete, zu verkünden, und fünf betende Personen auszuwählen, die das Ave begannen. Wir standen mit leeren Händen vor der Welt da, an der Seite des Pfarrers, eingetaucht in ein flehendes Gebet. Die schweigende und vertrauende Liebe, die wir ein Jahr lang in diesen Pfarrer und seine Gemeinde investiert hatten, mußte zweifellos in unseren Gebeten durchscheinen, denn am Ende dieses lebhaften

Gebetes erhob sich der Pfarrer, wandte sich an seine Pfarreiangehörigen mit Tränen in den Augen und sagte:

— Heute abend habe ich gelernt, was beten ist. Ich muß schnell in das Gebet eintreten und darin fortfahren.

Und so sind wir für ihn Vertraute geworden. Durch unser Gebet und unsere stille und geduldige Liebe hat sich dieser Priester der Botschaft von Medjugorje geöffnet. Unser Zeugnis muß also vor allem unsere Lebensweise sein, in der wir die Botschaften Marias leben.

Wenn man nur von Medjugorje spricht, verärgert man oft die Leute und das ist schade. Das kann Streitgespräche schaffen zwischen einem Paar, in der Familie oder Pfarrei. Das ist dann ein Gegenzeugnis, das der Verbreitung dieser Botschaft des Friedens und der Liebe die Tür versperrt. Das ist das Gegenteil von dem, was Maria an unserer Stelle täte» (MM, August 1994, S. 6).

5. Bilder

Innerer und äußerer Schutz

[Schwester Emmanuel erzählt]:

Im Juni fuhr einer meiner Brüder mit seiner ganzen Familie auf der Autobahn und beteten den Rosenkranz, indem sie die hier gemachte Kassette anhörten, wo jedem Gesätz eine Botschaft der Gospa folgt. Ein Reifen platzt. Der Wagen stellt sich quer, streift das Geländer und zerschellt auf dem Dach. Alles hält ängstlich den Atem an… außer der Kassette, die unbeirrbar weitertönt: «Viertes schmerzhaftes Geheimnis… Freue dich Maria voll der Gnade.»

Alle sind unversehrt und entkommen durch ein Fenster. Nur Yves bleibt eingeklemmt, die Beine in der Luft. Ein Brand droht, denn das Benzin fließt aus. Die Stimme der Kassette versichert ihm: «Meine lieben Kinder, habt keine Angst, Satan kann gegen euch nichts ausrichten. Seid im Frieden.»

Ein großer Friede erfüllt das Herz von Yves. Maria ist bei ihm. Er setzt seinen Rosenkranz fort: Ein Feuerwehrmann will die Kassette anhalten, aber Yves schreit: «Nein.»

Die Stimme fährt fort: «Erstes glorreiches Geheimnis, die Auferstehung. Liebe Kinder, seid begeisterte Zeugen der Auferstehung.»

Yves versteht, daß er gerettet sein wird am Ende der glorreichen Geheimnisse, und als ein Priester kommt, um seine Dienste anzubieten, antwortet er: «Danke, es geht. Ich beende meinen Rosenkranz.»

Schließlich während des letzten kroatischen Gesangs, gelingt es den Feuerwehrmännern, ihn zu befreien. Er hat nur vier Rippen gebrochen und das Auto liegt in Trümmern, aber nicht so das Herz von Yves:

— Ja, ich bin begeistert von der Auferstehung, mein Leben fängt erst an. Es wird die ganze Ewigkeit dauern. (E, 15. Juli 1994, EM 23, S. 3.)

Ein ganz einfacher Tod

Am 20. Juni 1994 starb Serge Lupin, ein Pilger wie andere auch, an einer Embolie, als er den Kreuzweg von Medjugorje auf den Berg Krizevac ging. Man trug ihn auf einer Bahre herunter und brachte ihn ins Krankenhaus von Mostar, das allem zum Trotz dennoch funktioniert. Er starb hier am gleichen Tag, drei Stunden nach seiner Einlieferung, um 19.15, mit der Diagnose Gehirnembolie. Das war seine erste Wallfahrt nach Medjugorje. Das, was seine Gefährten erstaunte ist seine Erklärung, die er im Reisebus machte, wo jeder sich vorstellte:

— Wenn ich diese Wallfahrt mache, so deshalb, um die Heilung meiner Seele und meines Leibes zu erhalten, und vor allem die Gnade eines guten Todes.

— Warum diese Betonung auf dem Tod? fragten ihn seine Gefährten.

— Ich denke daran. Es ist das letzte Wort des Ave Maria. Ich bin bereit dazu, und kann man sich einen schöneren Tod vorstellen, als an einem Ort zu sterben, der von Maria erwählt wurde?

Diese Erklärungen fanden im Verlauf des Gesprächs statt. Serge hatte beschlossen, mit dem Trinken aufzuhören. Und hatte ein totales Alkoholfasten während dieser Wallfahrt gemacht. Glücklich der Tod, der ein geläutertes Herz vorfindet. (S. Stella Maris, Oktober 1994, S. 14.)

Eine erleuchtete Trisomie-Kranke

Die kleine Florence Majurel aus Montpellier, 16 Jahre alt, hat eine Trisomie-Krankheit und kann kaum sprechen. Mit ihrer Mutter begibt sie sich zum blauen Kreuz, am Fuße des Berges Podbrdo, am Abend des 15. August zur Erscheinung mit der Gruppe von Ivan. Im Augenblick, als Ivan in Ekstase gerät, beginnt die Kleine, jemanden Unsichtbaren anzulächeln. Nahe am Kreuz sagt sie: «Was ist das, Mama?» [Sie kann nicht sagen, wer ist das.] Mama errät, daß etwas vor sich geht und beobachtet. Florence beginnt dann, die Hände zu falten und sanft die Finger zu verflechten: das ist etwas, was sie noch nie gekonnt hat. Dann wiederholt sie einigemale einen Gruß mit dem Kopf, als ob sie das bestätigen wollte, was man sie gelehrt hat. Sie lächelt immer und schickt drei Handküsse, wie es die Kinder machen, gerade als die Erscheinung von Ivan zu Ende geht. Dann fragt die Mutter sie:

— Was hast du gesehen?

— Heilige Jungfrau, antwortet Florence.

— Und wie ist sie?

— Schön.

Am nächsten Morgen sagt Florence das erste Mal in ihrem Leben ganz spontan: «Gegrüßest seist du Maria, voll der Gnaden» [nicht mehr], obwohl sie die Worte des Gebets niemals vorher aussprechen konnte. Jetzt betet sie zwei von drei Wörtern des Ave Maria.

Es blieb noch ein Test zu machen. Da Florence den Namen der Farben nicht sagen konnte, ohne sich zu täuschen, hat ihre Mutter sechs Blätter Papier vor sie hingelegt. Sie bittet sie, ihr die Farbe des Gewandes der Jungfrau zu zeigen. Sofort legt Florence den Finger auf das goldene Papier. Um sie zu prüfen, zeigt ihr die Mutter das Gelbe und sagt: «Ich glaube, es war so.» Da wird Florence zornig und sagt: «Nein das!» und zeigt nochmals auf das Goldene.

Die Mutter ist aufgewühlt, denn am 15. August erscheint die Gospa, wie zu Ostern und Weihnachten ganz in Gold gekleidet. Ein schönes Geschenk für Florence. Eine schöne Antwort des Himmels auf die Medizin, die die Behinderten abtreibt, obwohl sie so oft Sühne leisten für die Sünden gerade derer, die sie ausschließen. (EM September-Oktober 1994, S. 4.)

Eine tröstende Vision

[Wenig früher, am 1. Mai 1994 erzählt Sœur Emmanuel]:

«Eine kleine Französin von zwölf Jahren hat die heilige Jungfrau gesehen. Sie war eine Waise. Sie hat viel gelitten und hat sie uns genauso beschrieben, wie die Seher sie beschreiben» (E, 1. Mai 1994).

Eine Atheistin als Seherin

Am 11. Juli kam eine Ungläubige von 14 Jahren nach Medjugorje, um ihrer kranken Großmutter zu helfen. Um 22 Uhr glaubte sie ihren Augen nicht zu trauen, und sah auf dem Berg Podbrdo, während Maria Ivan erschien, eine sehr schöne Frau, die beim blauen Kreuz stand, und sich zu der Gruppe auf den Knien beugte, mit einem strahlenden Lächeln: Sie fragt sich, ob das die Jungfrau sein könnte: sie entdeckt eine andere Welt. Sie ruft aus: «Ich sehe sie.»

Emmanuel erzählt:

«Als ich mit ihr sprach, bemerke ich, daß sie ein typisches Mädchen unserer atheistischen Gesellschaft ist. Gott? Kenne ich nicht. Gebet? Kenne ich nicht. Das Warum des Lebens? Kenne ich nicht.

Aber ihr Herz ist völlig aufgewühlt.

— Warum sah gerade ich sie, obwohl ich nicht daran glaubte, und keiner von euch, die ihr hierhergekommen seid, um zu beten?

— Gerade weil du sie nicht kanntest, zeigte sie sich dir. Sie suchte dich seit langem, denn sie liebt dich unendlich. Sie wollte dir zeigen, daß du für sie wichtig bist, daß du von nun an nicht mehr alleine bist. Sie wird immer bei dir sein. Diese Gnade ist ein Zeichen, das das Jugendfestival vorbereitet. Die Jungfrau, die über ihre Not so sehr geweint hat, ist zu allem bereit, um ihnen die Liebe Jesu zu enthüllen, ihre eigene Liebe, und sie von ihrer Leere zu heilen» (Eco, 114, 3b).

Erobert von Medjugorje

Medjugorje-Magazine, herausgegeben in Downers Grove, Illinois, USA, von Larry und Mary Sue, veröffentlicht zahlreiche Zeugnisse. Ich gebe hier einen langen Artikel wieder, der eine Australierin betrifft, die unermüdlich bei den zahlreichen Marianischen Konferenzen in Australien singt: Vor ihrer Hochzeit 1984 ging Donna Lee überhaupt nicht in die Kirche. Sie lebte ein Jahr mit ihrem Mann vor der Eheschließung zusammen — dieser Mensch hatte schon Kinder aus einer vorhergehenden Verbindung.

— Ich dachte, daß ihn die Tatsache der Heirat ändern würde, sagte Donna.

Unglücklicherweise gab er eine Woche nach der Heirat seine Arbeit auf und alles fiel zusammen. Er trank schon. Er trank noch mehr und nahm sogar Drogen und wurde so mein Peiniger.

«Ich kam soweit, daß ich um mein Leben fürchtete. Ich versuchte zu fliehen, aber er übte auf meine Familie Druck aus, wenn ich verschwand. In dieser Notsituation ging ich nach Medjugorje. Ich glaubte schon, daß das ein vorherbestimmter Ort ist.»

Ihre Mutter, Barbara Ackerman, betete viel für sie, und nachdem sie etwas darüber gelesen hatte, beschloß sie, sie zu begleiten.

Donna hatte eine Beziehung zu Jesus mit 13 Jahren, dank eines christlichen Meisters, der sie gefragt hatte: «Kennst du Jesus?» Sie antwortete: «Ja, ich gehe in die Kirche.» Er brachte ihr bei, zu Jesus zu beten.

«Ich hatte ihn von Herzen angenommen, und ich war so glücklich, daß ich ein Mikrophon haben wollte, um der ganzen Schule zu sagen: Ich weiß nun, wer Jesus ist.

Zwei Monate später betete ich mit diesem Professor, und ich hatte die Gabe der Sprachen empfangen.»

Später machte sie sich daran, religiöse Musik für die fundamentalistischen Kirchen zu schreiben, wo sie sang und Musik spielte. Aber als man erfuhr, daß sie katholisch war, obwohl keine praktizierende Katholikin, wurde sie kaltgestellt. Das war eine große Enttäuschung, und damals hörte sie auf, in die Kirche zu gehen, außer gelegentlich, wenn sie in eine nicht näher benannte protestantische Kirche mit ihrer Schwiegermutter ging. Sie hatte auch aufgehört, religiöse Musik zu schreiben… bis Medjugorje.

«Eines nachts (erzählt sie), sah ich ein Video über Medjugorje und begann zu weinen. Als die Kassette zu Ende war, nahm ich meine Gitarre und schrieb, Mutter Maria, Königin des Friedens. Das ging von allein, ganz schnell. Das sang in meinem Herzen. Ich war entschlossen dazu, nach Medjugorje zu gehen, aber ich glaubte, nicht zu können. Damals bot mir Mama an, mich zu begleiten und mir die Reise zu bezahlen. Das war im Oktober 1988. Ich glaube, daß der Herr mein ganzes Leben lang verschiedene Mittel versucht hat, um mich zu ihm zurückzuführen, und endlich hat er mir meine Mutter geschickt. Schritt für Schritt nahm er mich bei der Hand, Mama half mir durch ihre Telefonate, und sie führte mich zu ihrem Sohn.»

Von da an kehrt Donna zur Kirche zurück und fängt an, die Bibel zu lesen. Sie lernt, den Rosenkranz zu beten. Aber sie zweifelt und verweigert die Beichte.

«Als kleines Mädchen, als ich meine erste Beichte machte, sagte ich mir: das wird deine letzte sein. Ich fürchtete mich zu sehr. Ich mochte das nicht und ich kehrte erst gut einen Monat nach dieser Wallfahrt dazu zurück.»

Eines Tages arbeitete sie an religiösen Gesängen in der Kirche und spricht zu ihren Kollegen über ihre Furcht vor der Beichte. Das war gerade der Zeitpunkt, an dem man in dieser Kirche beichtete.

«Mein Herz begann schneller, sehr schnell zu schlagen. Ich sagte zu mir: Mein Herr, nein, noch nicht, ich bin nicht bereit. Aber ich hatte das Gefühl, daß der Herr zu mir sagte: Doch, das ist der Augenblick. Ich begann zu weinen. Als ich es den Leuten sagte, die mit mir waren, beteten sie mit mir, sie waren wunderbar zu mir. Es ist, als ob der Herr mir seine Engel geschickt hätte, um mir in diesem schrecklichen Augenblick Mut zu machen.» Es war nur noch ein Beichtsuchender da, als Donna an den Beichtstuhl kam. Sie beschloß zu warten, ergriffen von der Angst, zurückgewiesen zu werden: Was ich getan habe, ist es nicht zu furchtbar, als daß es der Herr verzeiht, habe ich genug Liebe, um Verzeihung zu finden.

Ich war vollkommen gelähmt, ich brachte nicht einmal das erste Wort heraus. Der Priester, ein Orientale mit starkem Akzent, war sehr gut zu mir. Am Anfang reichte er mir ein Taschentuch (um meine Tränen abzuwischen). Ich sagte ihm den langen Zeitraum zwischen meiner letzten Beichte. Er schien nicht erschrocken. Er sagte nur:

— Das ist gut, daß du jetzt gekommen bist.

Ich bemerkte, daß Jesus in diesem Priester war und mich nicht zurückstieß. Wieder zu Hause verstand ich, daß ich von jetzt an keine Angst vor der Beichte mehr hätte und ich schrieb ein neues Lied: Beichte.»

Dann besucht sie ihre Mutter, die bezeugt: «Als Donna kam, arbeitete ich in meiner Druckereiwerkstatt. Ich sah sofort, daß ihr Gesicht strahlte. Ich verstand sogleich: «Du warst beichten.» «Ja, wie weißt du das?» «Durch dein schönes Lächeln.» Während der beiden folgenden Jahre fuhr Donna fünfmal nach Medjugorje. Man half ihr dabei, denn Gruppen luden sie ein und boten ihr die Reise an, um für sie zu singen. Sie fühlte sich in einem wunderbaren Frieden, der eine gute Abwechslung von der Gewalt zu Hause war. Sie betete, um dieses Problem zu lösen. «Ich habe die Scheidung beschlossen.»

Die Unterredung war ein Gewitter. Glücklicherweise kam im kritischen Augenblick ein Polizeiauto an: Sie konnte durch das Fenster springen und dieses Polizeiauto erreichen.

«Seit damals habe ich meinen Mann nie wiedergesehen. Und die kirchlichen Gerichte haben die Ehe annulliert. Ich schreibe und singe weiter religiöse Gesänge, da ich glücklich bin, an der katholischen Kirche teilzuhaben. Ich denke unablässig daran, daß ich nicht allein bin.»

Ein Ökumenismus nicht wie jeder andere

Ein protestantischer Arzt, sehr gebetseifrig und Jesus-nah seit langem, kam nach Medjugorje, um das Phänomen der Marienerscheinungen zu erhellen, die für ihn eigenartig waren. Wie vielen Protestanten, so schien ihm der Marienkult ein Hindernis zu Jesus. Er kommt also mit einem etwas unguten Gefühl an.

Kaum daß er sich der Kirche näherte, spricht Jesus sehr klar zu ihm in seinem Herzen und er beginnt zu weinen wie ein Kind.

Am nächsten Morgen empfängt er das gleiche Wort, und er erzählt uns mit Tränen in den Augen: «Ich habe die Stimme Jesu gehört. Er sagte zu mir: Ich habe meine Mutter gebeten, hierher zu kommen. Sie zieht hier das ganze Volk an und führt es zu mir. Alle Generationen werden sie selig preisen.» Seither ist Maria für ihn ein Sprungbrett zu Jesus geworden (EM, Dezember).

6. Die Liebe zu den Feinden

Verzeihung für einen Peiniger

Zwei kroatische Soldaten tranken einen Kaffee in einer Bar nahe bei Medjugorje, als ein Unbekannter eintritt. Einer von den beiden erkannte ihn als den, der ihn im serbischen Camp von Manjaca gequält hatte. Und dennoch geht er zu ihm hin und grüßt ihn herzlich.

In der folgenden Unterhaltung eröffnet ihm der Serbe sein Herz und erzählt ihm, wie er dieser Hölle entfliehen konnte. Er bittet ihn um Verzeihung und es wird ihm verziehen.

Als der andere Soldat, als sie von der Bar herauskommen, erfährt, um was es sich handelt, ruft er sofort aus: «Warum hast du ihn nicht getötet?»

Der Freund antwortet ihm: «Ich habe vor, dem Evangelium Christi zu folgen und nicht dem Satans» (P. Jerko Penava, Ogulin, siehe Eco 118, 5c).

Massaker und Verzeihung

Don Angelo erzählt in *L'Echo* von Medjugorje dieses Zeugnis eines Bosniers, das vom italienischen Fernsehen Anfang 1995 aufgenommen wurde:

«Diese alte Frau hat vor ihren Augen 13 Mitglieder ihrer Familie niedermachen gesehen: ein überlegtes Massaker. Man hat sie als einzige am Leben gelassen, um sie zu quälen, aber sie bewahrt eine tiefe Ruhe, und als der Journalist sie fragt: — Wie können Sie so ruhig sein? antwortet sie: — Ich glaube, daß diese Opfer dem Herrn zum Heil der Welt dienen.»

Die Liebe siegt über den Haß

[Frater Jerko Penava aus Kroatien erzählt]:

«Vor 15 Tagen habe ich am Begräbnis eines jungen Mannes von 17 Jahren teilgenommen: Matteo. Er wurde von einem Jungen seines Alters getötet. Nach dem Begräbnis schworen eine Gruppe von Nahestehenden, vereinigt mit der Familie des Verstorbenen, Rache. Plötzlich tritt die Mutter ein:

— Wer hat Matteo das Leben gegeben?

Alle schweigen.

— Ich bin seine Mama. Und ich werde mit der Liebe Rache nehmen. Ich habe mich schon über das Schicksal des Mörders unterrichtet. Das ist wirklich ein armer "Kleiner". Mit einem Jahr wurde er mutterlos, und einige Jahre später hat er auch den Vater verloren. Deshalb habe ich beschlossen, ihm die mütterliche Liebe anzubieten. Ich möchte ihn umarmen, als ob er mein Sohn wäre anstelle von Matteo.

Nach und nach beschloß die ganze Familie zu verzeihen. Die Freunde kamen noch, um sie zu trösten, aber sie sagten bald:

— In dieser Familie gibt es einen Gott! Man spürt seine lebendige Gegenwart, weil ihr dem Mörder verziehen habt (Eco, 112. S. 6b).

[In der folgenden Nummer führt Pater Penava näher aus]: Sie sagte zu mir:

— Der Tod meines Sohnes hat mich aufgeweckt. Vorher hatte ich keine Zeit, nicht einmal für die Sonntagsmesse. Heute ist das Gegenteil davon, ich gehe jeden Tag zur Messe und jeden Tag begleiten mich — immer zahlreicher — die

Kameraden von Matteo. Es ist bewegend zu sehen, wie sie jeden Tag einen verstümmelten Freund tragen, und ihn seine fünf Etagen ohne Aufzug hinaufbringen. Er hat so viel Liebe gefunden, daß er beschlossen hat, sich taufen zu lassen.

Unter diesen jungen Leuten gibt es einen Flüchtling aus Bosnien, der noch keine Nachricht von seiner Familie hat. Die Mama von Matteo tut alles, um Mutterstelle an ihm zu vertreten, die familiäre Umgebung zu ersetzen und ihm die Kindesliebe anzubieten.

Seit zwei Monaten verläßt der Mörder das Haus nicht mehr, und die Mutter hat beschlossen, ihn zu besuchen, in Begleitung seines eigenen Pfarrers, um ihm zu verzeihen, und ihm ihre mütterliche Liebe anzubieten. Sie ist sehr besorgt um seine geistige Gesundheit, und betet mehr für ihn als für ihren getöteten Sohn.

— Wenn ich für ihn zu beten beginne, sagt sie, werden sofort mein ganzes Herz und mein ganzes Sein mitgerissen und strömen über von Frieden und Glück. Ich muß das allen bezeugen» (Eco 113, S. 5-6).

7. Botschaften

25. Juni zu Ivanka als ihre Jahreserscheinung, wo sie acht Minuten blieb, strahlend und in goldener Robe gekleidet: *Liebe Kinder, mein Herz ist voller Liebe, denn so viele Herzen haben sich meinem Sohn geöffnet, damit er sie führe auf dem Weg der Gerechtigkeit. Betet und fastet.* (Dann unterhielt sie sich mit Ivanka über die Geheimnisse.)

25. Juni: Heute freue ich mich in meinem Herzen während ich euch alle hier anschaue. Ich segne euch und lade euch alle ein, euch zu entscheiden, meine Botschaften zu leben, die ich euch hier gebe. Ich wünsche, Kindlein, euch alle zu Jesus zu führen, da er eure Rettung ist. Daher, Kindlein, je mehr ihr betet, desto mehr werdet ihr mein und meines Sohnes Jesus sein.

Ich segne euch alle mit meinem mütterlichen Segen und danke, daß ihr meinem Ruf gefolgt seid.

25. Juli: Heute rufe ich euch auf, euch zu entscheiden, dem Gebet geduldig Zeit zu widmen. Kindlein, ihr könnt nicht sagen daß ihr mein seid und daß ihr durch meine Botschaften Umkehr erlebt habt, wenn ihr nicht bereit seid, Gott jeden Tag Zeit zu widmen. Ich bin euch nahe und segne euch alle. Kindlein, vergeßt nicht, daß wenn ihr nicht betet, seid ihr weder mir noch dem Heiligen Geist nahe, der euch auf dem Weg der Heiligkeit führt.

5. August zu Ivan auf dem Berg: Ihr müßt um die Bekehrung bitten. Betet für die Kranken, betet für die jungen Leute,

ich mache mir Sorgen um ihre Zukunft. Ihr seid zahlreich. Ich bin länger geblieben. Ich gehe in ein Lichtkreuz.

24. August zu Ivan, der nach Belgien abfuhr: *Geht in Frieden, meine lieben Kinder, betet viel für den Hl. Vater, die Bischöfe und Priester.*

25. August, Botschaft, die der damals geplanten Reise des Papstes in Ex-Jugoslawien vorausging: Heute bin ich auf besondere Weise mit euch vereint, für die Gabe der Gegenwart meines geliebten Sohnes in eurer Heimat betend. Betet, Kindlein, für die Gesundheit meines vielgeliebten Sohnes, der leidet, aber den ich für diese Zeiten auserwählt habe.

Ich bete und halte bei meinem Sohne, Jesus, Fürsprache, damit sich der Traum erfüllt, den eure Väter hatten.

Betet, Kindlein, auf besondere Weise, denn Satan ist stark und will die Hoffnung in eurem Herzen zerstören.

25. September: Ich freue mich mit euch, und lade euch zum Gebet ein. Kindlein, betet für mein Anliegen. Eure Gebete sind mir notwendig, durch welche ich euch Gott näherbringen möchte: Er ist eure Rettung.

Gott schickt mich um euch zu helfen und euch ins Paradies zu führen, welches euer Ziel ist. Daher, Kindlein, betet, betet, betet!

25. Oktober: Ich bin mit euch und freue mich auch heute, daß mir der Allerhöchste geschenkt hat, mit euch zu sein, daß ich euch lehre und auf dem Weg der Vollkommenheit führe. Kindlein, ich wünsche, daß ihr ein wunderschöner Blumenstrauß seid, den ich Gott für den Tag Allerheiligen schenken möchte.

Ich rufe euch auf, daß ihr euch öffnet, und lebt, die Heiligen als Beispiel nehmend. Mutter Kirche hat sie auserwählt, daß sie euch eine Anregung für euer tägliches Leben seien.

25. November: Heute rufe ich euch zum Gebet auf. Ich bin mit euch und liebe euch alle. Ich bin eure Mutter und wünsche, daß eure Herzen meinem Herzen ähnlich seien. Kind-

lein, ohne Gebet könnt ihr nicht leben und sagen, daß ihr mein seid. Gebet ist Freude. Gebet ist das, was das menschliche Herz wünscht. Daher, nähert euch, Kindlein, meinem unbefleckten Herzen, und ihr werdet Gott entdecken.

25. Dezember: Heute freue ich mich mit euch und bete mit euch für den Frieden: Frieden in euren Herzen, Frieden in euren Familien, Frieden in euren Wünschen, Frieden in der ganzen Welt. Möge der König des Friedens euch heute segnen und den Frieden schenken.

Ich segne euch und trage jeden von euch im Herzen.

1995

1. Januar, die Gospa zu Marija: *Vergeßt nicht, daß ich immer bei euch bin.*

25. Januar: Ich lade euch ein, die Türe eures Herzens Jesus zu öffnen, wie die Blume sich der Sonne öffnet.

Jesus wünscht, eure Herzen mit Frieden und Freude zu erfüllen. Ihr könnt nicht, Kindlein, den Frieden verwirklichen, wenn ihr nicht mit Jesus im Frieden seid. Daher lade ich euch zur Beichte ein, damit Jesus eure Wahrheit und euer Friede sei. Kindlein, betet, um die Kraft zu haben das zu verwirklichen, was ich euch sage. Ich bin mit euch und liebe euch.

25. Februar: Heute lade ich euch ein, Missionare meiner Botschaften zu werden, die ich hier durch meinen lieben Ort gebe.

Gott hat mir erlaubt, so lange mit euch zu bleiben. Daher, Kindlein, lade ich euch ein, mit Liebe die Botschaften, die ich euch gebe, zu leben und sie in der ganzen Welt zu übertragen, so daß der Fluß der Liebe ins Volk voll von Haß und ohne Friede fließe.

Ich lade euch ein, Kindlein, dort Friede wo Unfriede herrscht und Licht wo Finsternis ist zu werden, so daß jedes Herz Licht und den Weg des Heiles annehme.

25. März: Heute lade ich euch ein, den Frieden in euren Herzen und Familien zu leben. Es gibt keinen Frieden, Kindlein, wo man nicht betet und keine Liebe wo kein Glaube ist. Deshalb, Kindlein, lade ich euch alle ein, daß ihr euch heute von neuem für die Umkehr entscheidet.

Ich bin euch nahe und lade euch alle, Kindlein, in meinen Schoß ein, um euch zu helfen, aber ihr wünscht es nicht und so versucht euch der Teufel und in den kleinsten Dingen vergeht euer Glaube. Deshalb, Kindlein, betet, und durch das Gebet werdet ihr den Segen und den Frieden haben.

25. April: Heute lade ich euch zur Liebe ein. Kindlein, ohne Liebe könnt ihr weder mit Gott noch mit den Brüdern leben. Deshalb lade ich euch ein, eure Herzen der Liebe Gottes zu öffnen, die übergroß und offen für jeden von euch ist. Gott hat mich aus Liebe zu den Menschen unter euch gesandt, um euch den Weg des Heils, den Weg der Liebe zu zeigen. Wenn ihr nicht zuerst Gott liebt, werdet ihr weder den Nächsten noch den, den ihr haßt, fähig sein, zu lieben. Deshalb, Kindlein, betet, und durch das Gebet werdet ihr die Liebe entdecken.

28. April, zu Vicka auf dem Berg: *Ich bitte euch, die Botschaft* (vom 25. April) *zu leben. Ich rufe euch auf, mehr zu beten, und Opfer anzubieten.*

25. Mai: Ich rufe euch auf, kleine Kinder, mir mit euren Gebeten zu helfen, soviele Herzen wie möglich meinem Unbefleckten Herzen nahezubringen.

Satan ist stark und wünscht, mit allen Kräften soviele Personen wie möglich sich und der Sünde nahezubringen. Deshalb liegt er auf der Lauer, um in jedem Moment noch mehr einzufangen.

Ich bitte euch, kleine Kinder, betet und helft mir, euch zu helfen. Ich bin eure Mutter und ich liebe Euch, und deshalb möchte ich euch helfen.

8. Schluß und Ausblick

Dieses Buch mag dem Menschen, der von den Medien gebildet ist, in dem still laizistischen und atheistischen Klima von heute, fremdartig erscheinen, wo doch Gott nur noch ein Überbau von träumerischen Geistern ist.

Warum?

Warum konnte in diesem Klima das Dorf Medjugorje, das verloren liegt in einem Bergkessel (was sein kroatischer Name bedeutet, auf Deutsch: zwischen den Bergen), warum ist dieses abgelegene Dorf, fernab von allen Kommunikationsmitteln, dieser internationale Wallfahrtort ersten Ranges geworden, dessen Zustrom ein Jahr vor dem Bürgerkrieg sogar den von Fatima zu überholen begann?

Warum zieht sie Medjugorje an, trotz dieses Krieges, der die Touristen von dieser wunderbaren Landschaft versiegen läßt? Weshalb fährt man dorthin, trotz der slawischen Sprache, die die Beziehungen schwierig gestaltet und die Predigten für die Pilger unverständlich macht, während der langen Zeremonien, bei denen ein solcher Zustrom herrscht, daß man stehen muß; und das trotz der mächtig bis in die Kreise der Hierarchie unterhaltenen Verleumdungen?

Warum vervielfältigen sich unter diesen Bedingungen die Bekehrungen jeglicher Nation, Geschlechts und Alters: Kinder, junge Leute, Alte, die in ganz verschiedenen Lebensumständen leben? Warum finden sie dort unerwartete Hilfen, um ihr Leben zu ändern, auf die Verirrungen des Geschlechts, des Alkohols, der Drogen, des Geldes, der Häresie und vieler anderer Laster zu verzichten; und das Geheimnis eines ernsten Lebens, wo die Freude vorherrscht?

Warum treten das Gebet (der offensichtlich verachtete Rosenkranz) und die Moral von innen an sie heran? Warum hat Medjugorje so viel Tausende von Gebetsgruppen auf dem ganzen Planeten entstehen lassen?

Warum bekehren sich auf diesem unerwarteten Weg so viele Menschen, ohne vorherige Ankündigung, zu einer Stunde, in der die religiöse Praxis und der Glaube selten werden, wie die Vegetation in der Sahelzone, denn der Zustand der Zivilisation und unserer Meinung ist zu schlecht dafür, wie der Sand und die Sonne für die Wüste?

Warum keimen Berufungen dort in Überfülle, zur Zeit, wo man über ihr Verschwinden nicht einmal mehr zu seufzen wagt? Warum beginnen Mengen von Pilgern mit dem wöchentlichen Fasten, zur Zeit, da die Kirche, beeinflußt von einer dieser Tradition gegenüber allergischen Meinung, das Speisenfasten ganz aufgegeben hat: nur noch zwei Tage im Jahr, mit drei Mahlzeiten, davon eine ohne Beschränkung und so vieler Dispensen für das Alter, die Arbeit, die Reise, daß sich fast alle ohne Prüfung dispensieren? In Medjugorje verlangt die Jungfrau zwei Tage in der Woche bei Wasser und Brot. Viele halten sich daran für einen Tag, aber manche ziehen Wasser alleine vor, oder Früchte der Saison anstelle des Brotes, aus medizinischen Gründen, die diese Varianten rechtfertigen oder zumindest entschuldigen.

Warum ist diese mächtige und feurige Bewegung dem Illuminismus fremd, trotz der Erscheinungen, auf denen er fußt, sondern führt diese Bewegung zur Messe, zum langweiligen Rosenkranz, zum strengen Weg des Kreuzes und zur Askese in der Nacht des Glaubens?

Warum vermeidet diese religiöse und traditionelle Bewegung den Traditionalismus und Integralismus und kultiviert die Hl. Schrift, wie die Botschaften bezeugen bis zu dem laufenden Programm von 100 000 Bibeln in Kroatisch, und warum kultiviert sie einen so breiten Ökumenismus, daß ihre Gegner darin ein Hauptargument der Anklage finden?

Warum legt diese Bewegung, die die theologische Intelligentia aus der Fassung bringt, die ihrerseits wiederum deren Naivität und Fundamentalismus anprangert, so viel Wert auf Ernst und Beharrlichkeit im Gebet, in der Moral, so viel wirkliche Großzügigkeit, dort, wo die mißtrauische Intelligentia so viele beklagenswerte Beispiele vom Gegenteil gibt?

Warum hat diese pietistische Bewegung, die die Gebetsstunden vervielfacht und darin aufzugehen und sich zu verlieren scheint, so viele wesentliche und konkrete Dienste inspiriert, die ganz auf der Leitlinie des Evangeliums liegen: die Hungrigen nähren, die Flüchtlinge aufnehmen, die vielfältigen Kriegsverwundeten wieder zurechtrichten, die Kranken versorgen, die Obdachlosen aufnehmen, den Waisen eine Familie geben?

Wie hat sie rund um die Uhr eine so große Anhängerzahl von Medjugorje mobilisieren können, um in dieses unglückliche Land die Lebensmittel, Arzneimittel, Reinigungsmittel (die so notwendig sind), die Prothesen und das Übrige zu bringen, manchmal unter Lebensgefahr?

Warum breitet diese 100% katholische Bewegung, die eifrig für den Papst eintritt und von einer breiten Intelligentia verschrien ist, ihre humanitäre Hilfe bis zum Islam aus, auf einem Terrain, nicht der für anonyme Mittel weitentfernten Verteilung, sondern der Freundschaft, während der brudermörderische Krieg in Mostar und anderswo aufgehört hat?

Warum ist diese Bewegung, in der die Jungfrau einen so großen und tiefen Platz einnimmt, weder mariolatrisch noch mariozentrisch, sondern zentriert auf der Messe, der Eucharistie, dem Hl. Geist, der so oft in den Botschaften vorkommt? Und warum erweckt sie so viele Initiativen, ökumenische mitinbegriffen, zur Aufnahme und Hilfe aller?

Wie?

Wie gelingt es einer Bewegung mit tiefen Bekehrungen die Liebe zu den Feinden im Kriegsfeuer zu erwecken, auf einem Gebiet generationenlangen Hasses, moralisch und physisch schwerwiegender als der, der Algerien, Ruanda und Burundi zerreißt? Wie kann sie einen der Seher, Vicka, soweit inspirieren, provozierend und prophetisch zu sagen: «Unser Krieg wird erst zu Ende sein, wenn wir die Serben nur noch lieben.» Das ist das größte Wunder von Medjugorje.

Für all das gibt es keine vernünftigen Gründe. Nur im Glauben gibt es Antwort, das heißt vom Standpunkt Gottes aus, im Zusammenhang einer anderen Ordnung, die die Liebe erweckt. Die Seher haben als erste die Jungfrau getroffen. Sie hat sich ihnen gezeigt, nicht ganz im Glanz der seligmachenden Sicht, wo Gott alles in allem ist, sondern in einer beschränkten, gemäßigten, gefilterten Sicht, gemäß dem Zustand junger Bauern von der Erde und irdischen Wesen, die auf den Füßen gehen. Sie hat sich unter den Zügen gezeigt, die uns die Bibel von ihrer Glorie gibt in der Apokalypse, Kapitel 12: die Frau bekleidet mit der Sonne. Welche Sonne? Christi, der «Sonne der Gerechtigkeit», strahlend im gleichen Glanz wie Gott. Und das fleischgewordene Licht strahlt auch in seiner makellosen Mutter. Sie hat die Herzen der Seher mehr berührt als ihre Augen.

Ihre Hirten, Männer mit Glauben, haben vor diesem Randphänomen nicht mit den Schultern gezuckt, das viele zurückweisen und ächten, da doch Gott durch die Welt ein Zeichen gibt. Sie haben sie angenommen zum Preis einer aufmerksamen und kritischen Prüfung, fortgesetzter Untersuchungen im Lichte des Glaubens. Sie haben diesen jungen Leuten geholfen, und denen, die herbeiströmten, angezogen von dieser guten Nachricht diese Gnade, die größer war als sie, zu leben, nicht im Illuminismus, sondern im strengen Glauben, genährt von den Sakramenten. Und dieser Glaube, der oft verfolgt ist, ließ vielen ein anspruchsvolles, begnadetes Leben finden, mit einer tiefen Liebe zu leben, trotz der Prüfungen. Er bringt viele Wunder hervor, von denen die Beichtväter täglich erfahren.

Am Anfang war es die Versöhnung der Flecken und Cliquen der zu Tode zerrissenen Pfarrei. ein konzentrierter kleiner Balkan.

Das fand bei der Messe im Juli 1981 statt, in einem aufrüttelnden Wandel, nicht ohne Tränen der Reue und der Freude. Heute ist es eine innere und unterirdische Aktion für die Versöhnung eines zerstörten und zerrissenen Landes, das mit den kostspieligen offiziellen Mitteln dieser Welt nicht versöhnt werden kann. Diese Gnade nimmt den unterirdischen Weg der Herzen und der Taten.

Die Jungfrau ist still und bescheiden gekommen, denn das ist ihre Rolle als Mutter, und da sie uns liebt, sind wir ihre Kinder.

— Wenn ihr wüßtet, wie ich euch liebe, würdet ihr darüber vor Freude weinen, sagte sie zu Jelena.

Dieses Wort hat viele Herzen berührt. Sie respektiert die Freiheit der Seher. Für jeden von ihnen war das Problem der Lebenswahl eine lange und schwierige Entscheidung, die drei bis sechs Jahre dauerte, aber sie wollte ihre Wahl nicht diktieren, sondern sie in dieser vollen Freiheit reifen lassen. So machte sie es mit jedem.

Sie ist in Dringlichkeit gekommen, um der Sintflut zuvorzukommen oder sie einzudämmen in einer Welt, die sich durch die Wucherungen der Sünde selbst zerstört. Gewalt, Drogen, Abtreibung, sexuelle Entgleisungen, Tendenz zum Haben, zur Macht, zum Wissen ohne Weisheit usw. Sie ist gekommen dazu zu mahnen, daß die Lösung vor allem in den Herzen liegt, durch den Frieden jedes Einzelnen mit Gott, und dadurch mit sich selbst und den anderen. Denn jeder Friede kommt von Gott, und man muß ihn annehmen und wie eine Gnade entgegennehmen können.

Wohin gehen wir?

Unglücklicherweise wird ihr Wort, das von Mengen auf dem ganzen Planeten gehört wird, nur verstanden von einem kleinen Volk von Gläubigen und glücklicherweise mehreren hundert Bischöfen, die die Früchte bei ihren Diözesanen feststellen konnten, jenseits von Verwaltungsideologien und zweideutigen Bestimmungen

Einer von ihnen, Monsignore Franic, emeritierter Erzbischof von Split, ging sogar soweit zu sagen:

> *Bischof Zanic aus Mostar ist unermüdlich gegen die Botschaften Unserer Lieben Frau von Medjugorje. Im wesentlichen sind ihm die jugoslawischen Bischöfe gefolgt. [...] Ich weiß nicht, was die Kommission noch erwartete nach so vielen Wundern, die von Wissenschaftlern untersucht wurden und so vielen Bekehrungen in der ganzen Welt. Das hat unseren Bischöfen nicht genügt. Wenn sie das Volk ermuntert hätten: Auf, nach Medjugorje, [...], dann hätte sich die Bekehrungsbewegung verbreitert, aber bis heute haben sie die Stimme der Mutter Gottes nicht anerkannt, die uns den Frieden nahelegt und selbst für den Frieden kämpft mit unseren Gebeten.* (DN 13, S. 44-45.)

Man muß dieses Wort eines Erzbischofs nicht überbetonen, um die zu belasten, deren Verwaltungsverpflichtungen und die Sorge um die bischöfliche Solidarität unter denen, die glauben, und denen, die nicht glauben, sie in ihrem Eifer lähmen, sondern die Gebetsflut fortsetzen, die einzig den Schiffbruch, in dem sich unsere Welt verfängt, noch aufhalten können. Man hatte mit Recht beim Konzil bei der Debatte über die Kollegialität gesagt: Vorsicht, damit die Bischofskonferenz ein Band werde, das einigt, und nicht eines, das kettet oder lähmt. Man wird schwer vermeiden, daß diese neue Verwaltungsbestimmung sich dort durchsetzt, wo Konflikte, Schwerfälligkeiten oder Ideologien sich einschleichen. Unsere Mutter Kirche ist wie diese festen, mutigen und bei der Arbeit pünktlichen Familienmütter, die aber manchmal schwerfällig und rauh sind wie es viele Hausfrauen sind, in Medjugorje und anderswo; und dennoch, wer eine solche Mutter hat und manchmal darunter leidet, weiß diese Mutter zu lieben, die manchmal des Guten zuviel tut, und mit zuviel Eifer, zuviel Scheuklappen, weil die Liebe mit menschlicher Schwäche vermischt ist. Man muß es verstehen im Gebet und dafür handeln, daß das Geistliche schließlich seinen Platz in unserer Kirche einnimmt. Aber diese menschliche Erdenschwere und die zu eng gehaltene Exklusivität gewisser Hirten des Ganzen lassen die Bewegungen der Erneuerung und der Bekehrung erstehen, die der Hl. Geist auf so verschiedene und unerwartete Weise in der Kirche erweckt.

Man muß auch verstehen, daß der Teufel sich daruntermischte, um alles zu verdunkeln. Die Botschaften der Jungfrau weisen in geheimen Begriffen darauf hin, ohne es zu dramatisieren. Der Vater der Lüge hat das Genie der Intrigen, die Teilung und überall Verwirrung säen. Es brauchte zwölf Jahre, daß der oberste Gerichtshof dem Amtsmißbrauch ein Ende setzte (siehe oben S. 66 und DN 13, 47-50). Man möchte wünschen, daß die Kirche, die entschieden gegen die biologische Abtreibung ist, mit gleicher Entschiedenheit die geistige Abtreibung verbieten würde, die man oft skrupellos fortsetzt.

Aber die Botschaft von Medjugorje ist auch eine Botschaft der Geduld, und die Geduld ist auf eine harte Probe gestellt worden unter explosiven Umständen, die die vorhergehenden Bände in Erinnerung riefen. Sie wird bleiben. Die Gläubigen, die mit Freude den neuen Bischof aufgenommen haben, in seiner Eigenschaft als Nachfolger der Apostel, aber auch wegen seiner intellektuellen, ökumenischen und anderen Fähigkeiten, können schwer verstehen, warum man den stärksten und bis dahin entschlossensten Gegner wählen konnte, um ihn an die Spitze der Diözese zu setzen, die auf Frieden und Gebet wartet. Sie hat die ersten leisen Schläge eines Menschen lebhaft gefühlt, der seine Aktionen abmessen kann und die Bekenntnisse seiner Freunde, die eine Steigerung ankündigen, von denen das Einschreiten auf der Synode eine Etappe markiert (siehe oben S. 42).

Die Christen, die an die Kirche und an Unsere Liebe Frau glauben, schlagen sich nicht, verleumden sich nicht, obwohl sie seit Beginn dieser Affäre oft verleumdet worden sind. Sie beten für die, die sich als Gegner betragen, damit auch hier die Jungfrau den Frieden eintreten lasse, auf Kraft der Geduld. Die Jungfrau Muttergottes ist über diesen Schwierigkeiten, Kämpfen und Prüfungen, denn sie ist den Menschen am nächsten, weil sie Gott am nächsten ist, im göttlichen Licht, dem sie die Herzen öffnen will. Nehmen wir sie an und Gott wird das Übrige tun.

Wie? Wir wissen es nicht. Aber wenn die unterirdische Revolution der Herzen zu Ende gekommen sein wird, wird das Übrige kommen. Das ist es, was Pater Slavko, der große geistliche Führer der Bewegung, die von Unserer Lieben Frau erweckt wurde, sagte, nach Jozo Zovko und Tomislav Vlasic, die die Anfänge erkannt und geleitet haben, und er antwortet ohne zu zögern:

> *Medjugorje wird mit Sicherheit anerkannt werden, wenn Sie und Ihre Kinder besser geworden sind; und wenn man Sie auf Grund von Medjugorje und seiner Botschaft leben und lieben sieht.*

9. Anhang
Texte und Dokumente

1. Ivanka

Ivanka mag keine Fragen. Die Freundschaft und sehr viel Takt von Pater Svetozar Kraljevic war nötig, um dieses außerordentliche Interview zu erhalten; es ist das einer einfachen und klaren Christin:

— Ivanka, du und Mirjana machtet am Tag der ersten Erscheinung einen Spaziergang. Macht ihr das oft?

— Wir hatten die Gewohnheit, in dieser Gegend spazierenzugehen. Wir waren zu Hause (Biakovici) und wir entschlossen uns, auszugehen. Während wir ins Dorf zurückkehrten, erhob ich zufällig die Augen zum Hügel und sah in der Höhe das Profil einer Frau, fern und in Nebel gehüllt.

Ich sagte zu Mirjana: «Schau, die Gospa!» Mirjana machte eine ausweichende Geste mit der Hand. Sie dachte, ich scherzte. Sie sagte: «Es ist kaum wahrscheinlich, daß die Gospa uns erscheint.» Wir setzten unseren Weg zum Dorf fort. Mirjana blickte nicht zu dem Punkt, den ich ihr angegeben hatte.

— Nachher, was habt ihr dann getan, wohin seid ihr gegangen?

— Wir gingen zu Milka, der Schwester von Mirjana, die uns bat, mit ihr zu gehen und ihr zu helfen, die Schafe zu sammeln, und als wir nahe am Berg vorbeikamen, sah ich die

Madonna wieder und noch klarer; diesesmal mit dem Jesuskind in den Armen. Mirjana und Milka schauten auch hin und sahen es. Wir kehrten nach Hause zurück und später schlossen sich Vicka, Ivan und der andere Ivan uns an.

Svetozar: Was habt ihr gespürt, als ihr die Gospa saht?

Ivanka: Es war, als ob man die ganze Welt besäße.

Svetozar: Während der Erscheinungen, wenn du mit der Gospa sprichst, hören wir dich nicht.

Ivanka: Ich spreche so laut wie jetzt. Ich spreche ganz normal, wie ich jetzt spreche und ich höre ihre Worte und ihre Stimme ganz normal.

Svetozar: Hast du in deinen Visionen jemals eine Gunst für irgendjemand erbeten?

Ivanka: Am Anfang erbat ich eine Gunst für den kleinen Daniel, der krank ist.

S.: Was sagte die Gospa?

I.: Immer das Gleiche. Jede Lösung wird von einem starken Glauben und dem Gebet kommen.

S.: Was verstehst du unter starkem Glauben und Gebet?

I.: Glauben und Beten.

S.: Hast du jemals die Gospa wegen eines Verstorbenen deiner Familie befragt?

I.: Ja, wegen meiner Mutter.

S.: Was hat sie geantwortet?

I.: Sie sagte, deine Mutter ist bei mir, mach dir keine Sorgen.

S.: Du hast deine Mutter verloren, vielleicht ist die Gospa gekommen, um dich zu trösten.

I.: Ich weiß es nicht, aber ich glaube nicht, das denke ich nicht. Wir haben sie gefragt, warum sie uns erschienen ist. Sie hat uns geantwortet, daß sie nicht immer die Besten sucht.

S.: An wen sind die Botschaften der Gospa gerichtet?

I.: An die ganze Welt.

S.: Was sind die Botschaften?

I.: Die Gospa besteht auf dem Frieden, der Bekehrung, Fasten, der Buße und dem Gebet.

S.: Was ist das Wichtigste?

I.: Der Friede.

S.: Warum der Friede?

I.: Wenn alle auf Erden in Frieden sind, ist alles möglich.

S.: Du hast vom Gebet gesprochen. Sag mir aufrichtig wie du betest.

I.: Am Morgen, wenn ich aufstehe, bete ich sieben Paternoster, Ave Maria, das Gloria und das Credo. Am Mittag sage ich den Angelus. Am Abend, sieben Paternoster, Ave Maria, das Gloria, das Credo und den Rosenkranz. Wenn wir alle zu Hause sind, beten wir am Abend ein Gebet.

S.: Wird das angekündigte Zeichen auf dem Berg Podbrdo schnell erscheinen?

I.: Es wird zu der Zeit erscheinen, wo es recht ist.

S.: Ivanka. hast du Angst vor deiner Fähigkeit, das zu verwirklichen, was die Gospa von dir erwartet?

I.: Warum sollte ich Angst haben, wenn Gott mit mir ist und mir die Kraft schenkt, die ich brauche?

S.: Du sprichst zu den Menschen von den Botschaften der Gospa, aber es gibt auch welche, die nicht daran glauben. Was machst du in diesen Fällen?

I.: Ich bete, daß Gott sie erleuchtet.

S.: Kannst du etwas anderes?

I.: Versuchen, sie zu überzeugen, daß die Gospa recht hatte.

S.: Es gibt auch einige, die gegen die Gospa sind. Was willst du ihnen sagen?

I.: Bekehrt euch, Gott ist da!

S.: Können die bösen Mächte die Pläne der Gospa für die Menschheit erschüttern?

I.: Nein.

S.: Wird das große Zeichen, das auf dem Berg Podbrdo erscheinen soll, zerstört werden oder wird es verschwinden?

I.: Nein, die mächtigsten und explosivsten Waffen könnten das Zeichen nicht zum Verschwinden bringen.

S.: Was bedeutet das, daß die Gospa stärker ist als die gegnerischen Mächte?

I.: So ist es, aber Gott entscheidet immer.

S.: Also kann sie nicht aus eigener Initiative handeln, sie muß den Willen Gottes tun, wie sie es immer gemacht hat.

I.: Ich glaube, daß es so ist.

S.: Hat dir die Gospa etwas über die Verschiedenheit der Religionen gesagt?

I.: Die Gospa hat zu mir gesagt, daß es auf Erden verschiedene Religionen gibt, aber ihr Sohn achtet die Menschen aller Religionen.

S.: Was bedeutet das, daß alle Menschen ins Paradies kommen?

I.: Das hängt von ihren Verdiensten ab.

Kommentar

Einige Punkte am Anfang des Interviews können in Erstaunen setzen, wenn man sie mit soviel anderen vergleicht. Nach gewissen Erzählungen sind sie bei der ersten Erscheinung zuerst von Angst ergriffen worden und geflohen. Ivanka scheint das herunterzuspielen. Hat sie es nach zwölf Jahren nicht vergessen oder vermeidet sie (wie der hl. Lukas, der den hl. Markus benützt) das, was schockieren könnte. Sie sagt nicht, daß sie ein Päckchen Zigaretten trugen, und daß Vicka sie auf diesem Spaziergang begleiten mußte.

Sie fügt eine interessante Präzisierung hinzu. Erst beim zweiten Mal hatte die Jungfrau das Jesuskind in den Armen, oder zumindest bemerkte sie es erst dann.

Schließlich erstaunt man sich:

— Daß die unabhängige Strecke mit den zwei Ivans von ihrem Haus losgeht. Nach älteren Zeugnissen sind das unabhängige Strecken.

— Daß ihre Stimme nicht hörbar ist, wenn sie mit der Erscheinung spricht und sich dessen gar nicht bewußt ist, wie Bernadette. Aber sie macht intuitiv einen Unterschied, denn wenn sie ihren Dialog mit der Jungfrau unterbricht, um den Umstehenden ihre Botschaften zu überbringen, dann hört man ihre Stimme gut, die wieder verstummt, wenn sie ihren himmlischen Dialog wieder aufnimmt.

Man möchte gerne mehr über ihr Gebetsleben wissen, was sie die Jungfrau über die Erziehung ihrer Kinder gelehrt hat. Ist das ebenfalls ein Teil ihres Geheimnisses?

Sie drückt gut den Eindruck ihres ersten Kontaktes mit der Jungfrau aus: «Es war, als würde man die ganze Welt besitzen» (Medjugorje Torino, Nr. 60, S. 6-7).

2. Antworten von Mirjana

Kürzlich fragte sie ein Pilger:

— Die meisten Seher haben sich verheiratet. Ist das ein Zeichen, daß die Jungfrau die Familien bevorzugt und die Stellung der Laien in der Kirche wieder aufwertet?

— Nein, die Priester und Ordensleute sind ebenfalls wichtig. Wir können eines ohne das andere nicht leben.

Was den Krieg anbelangt, so erinnert Mirjana an 1983, als sie in Sarajevo wohnte und sie ein Franziskaner gebeten hatte, der Gospa diese Frage zu stellen: «Wird es ein Kroatien geben?» Sie sagt, daß sie diese Antwort empfangen hatte: «Ja, es wird ein Kroatien geben und auch ein Bosnien, aber erst nach einem kleinen Krieg.»

Mirjana, die sehr ehrlich ihre Erinnerungen preisgibt — ohne sie an die Umstände anzupassen, hat dieses kleine Wort bewahrt, das heute erstaunt. (EM Nr. 26, März 1995, S. 3.)

3. Vicka

a) Ihre tägliche Botschaft

[Jeden Tag legt Vicka vor zahlreichen Gruppen Zeugnis ab: Sie spricht sehr spontan und warmherzig und improvisiert. Aber immer über das gleiche Thema, dessen große Linien ihr aus dem Inneren aufsteigen, denn sie lebt daraus. Hier ist eine ihrer Ansprachen an französische Pilger, nach der Aufnahme, die letztes Jahr davon gemacht wurde.]

Die hauptsächlichen Botschaften der Jungfrau in Medjugorje sind: das Gebet, die Bekehrung, das Fasten, die Buße und der Friede. Die Jungfrau empfiehlt uns, jeden Tag die drei Geheimnisse des Rosenkranzes zu beten, am Mittwoch und am Freitag bei Wasser und Brot zu fasten, aber was sie vor allem fördert, ist ein starker Glaube. Und wenn uns die Jungfrau bittet zu beten, denn heißt es nicht nur mit Worten beten, sondern was sie fordert ist, daß wir von Tag zu Tag unsere Herzen mehr öffnen, damit das Gebet für uns zur Freude wird.

Sie sagt uns: Bevor du zu beten beginnst, befreit euch von allen Gedanken, die euch hindern und beginnt mit einem «Vaterunser». Betet es wie zum absoluten Vater, der im Himmel ist, erfüllt mit unendlicher Liebe und uns so sehr liebt. Und wenn ihr das tut, gebt euch ihm anheim, mit allen euren Wünschen und Problemen, damit er das Beste daraus mache und sein Wille geschehe und nicht der eure.

Wendet euch mit dem «Gegrüßt seist du Maria» in gleicher Weise an unsere wunderbare Mutter. Blickt sie mit den Augen eures Herzens an. Sie ist uns immer nahe und liebt uns so sehr.

Betet auch das «Ehre sei dem Vater», um ihn zu verherrlichen und ihm zu danken für alles, was er euch gibt. So lernt ihr, alles gut anzunehmen, was mit euch geschieht. Denkt bei jedem Wort, das ihr aussprecht. Und so öffnet ihr von Tag zu Tag eure Herzen mehr und lernt auch die Wichtigkeit kennen, diese Worte zu leben.

Die Jungfrau erklärt durch einen wunderbaren Vergleich. Sie sagt uns:

Ihr alle habt in eurer Familie einen Blumentopf und jeden Tag gießt ihr einige Tropfen Wasser hinein, und ihr seht die Pflanzen groß werden und schöne Blumen entwickeln. Mit uns ist es das Gleiche. Wenn ihr jeden Tag eurer Herz mit zwei oder drei Gebeten füllt, wird es sich entwickeln wie diese Blumen. Wenn man aber zwei oder drei Tage dieser Pflanze kein Wasser gibt, welkt sie und verschwindet, als ob es sie niemals gegeben hätte.

Genau das ist es, was wir oft tun. Wir sagen: «Heute habe ich keine Zeit, ich werde morgen beten», und morgen ist es das Gleiche: «Am nächsten Tag werde ich beten.» So entfernt man sich nach und nach von Gott und das Böse dringt in unsere Herzen ein.

Die Jungfrau sagt auch noch: — Wie eine Blume nicht ohne Wasser leben kann, so können auch wir nicht ohne die göttliche Gnade leben. Das Gebet mit dem Herzen lernt man nicht aus Büchern, man muß es leben.

Sie ruft uns zu einer völligen Umkehr: «Ihr alle glaubt, wenn ihr in Schwierigkeiten seid, daß Jesus (und ich) weit weg von euch sind. Darauf sage ich euch: Wir sind euch nahe, aber öffnet eure Herzen, um zu verstehen, wie sehr man euch liebt. Macht da ein Opfer in einer wichtigen Sache, macht eure Fehler wieder gut und sündigt nicht mehr, und wißt, daß die Jungfrau darüber sehr glücklich ist.»

Sie sagt uns: «Ich gebe euch meinen Frieden und meine Liebe, damit ihr sie euren Freunden und eurer Umgebung bringt, und ich segne euch.»

Sie betet mit uns, und sie wäre besonders glücklich, wenn in unseren Familien und Gemeinschaften die Eltern mit den Kindern und die Kinder mit den Eltern beten würden, und Satan könnte gegen euch nichts ausrichten.

Vorsicht, Satan ist stark! Er will eure Taten hemmen. Aber verstärkt eure Gebete noch mehr! Das stärkste Gebet, um sich von ihm zu befreien ist der Rosenkranz in euren Händen. Tragt auch immer einen gesegneten Gegenstand bei euch: ein Kreuz, eine Medaille oder ein anderes kleines Zeichen, um euch gegen Satan zu verteidigen. Setzt die Messe an den ersten Platz, das ist der wichtigste und heiligste Augenblick, denn Jesus kommt dadurch und ihr empfangt ihn in euren Herzen. Bereitet euch vor und empfangt Jesus, wie er es verdient: mit Liebe.

Beichtet einmal im Monat oder öfter, je nach Bedarf jedes Einzelnen. Geht nicht zum Beichten, um euch von euren Sünden zu befreien und das gleiche Leben wieder von vorne anzufangen. Ändert euch, werdet ein neuer Mensch! Erbittet von eurem Priester Hilfe und Rat, um vorwärts zu kommen.

Die Jungfrau ist besonders in Sorge um die jungen Leute in unserer Welt, denn sie befinden sich in einer besonders schwierigen Situation. Helft ihr mit eurer Liebe und dem Gebet des Herzens. Sie sagt:

— Liebe jungen Leute, das was euch die gegenwärtige Welt gibt, ist vergänglich und Satan nützt jeden Augenblick, um euch aus dem Gleichgewicht zu bringen. Jetzt sind seine hauptsächlichen Zielscheiben die jungen Leute und die Familie.

«Liebe Kinder, diese Zeit ist eine Zeit großer Gnaden. Lebt also die Botschaften von ganzem Herzen. Seid Träger des Friedens Unserer Lieben Frau. Betet für den Frieden in der Welt, aber zuerst für den Frieden in eurem Herzen und euren Familien. Denn mit diesem inneren Frieden werdet ihr den Frieden in der Welt erhalten. Wenn ihr für den Frieden in der Welt betet, aber den Frieden nicht in eurem Herzen habt, ist euer Gebet umsonst.

Dieses Jahr (1994) war das Jahr der Jugend. Verlängert es zu einem neuen Jahr der Jugend und es möge auch das Jahr der Familie sein. Verstärkt eure Gebete. Man braucht es sehr, um die Pläne Gottes und meine Pläne mit euch zu verwirklichen, sagt die Gospa.

Nehmt jeden Tag die Bibel zur Hand. Lest einige Zeilen davon und lebt sie während des Tages. Ich bete mit euch für den Frieden. Aber betet glühend für diese Anliegen. Heute abend, wenn Maria zur Erscheinung kommt, werde ich euch alle ihren Anliegen empfehlen, öffnet eure Herzen und seid offen.»

b) Himmel, Hölle und Fegefeuer, wie sie Vicka sah

«Viele Leute fragen mich über das Paradies, das Fegefeuer und die Hölle, die mir Unsere Liebe Frau zeigte.

Das Paradies ist ein weiter Raum, ohne Ende, es ist ein Licht, das es auf Erden nicht gibt. Wir haben darin Leute in grauen, gelben und rosa Kleidern gesehen. Sie gehen, singen und über ihnen fliegen Engel.»

[Das ist offensichtlich eine symbolische Vision, denn die Auserwählten sind nicht in ihren Körpern auferstanden. Und da die Seherin nur ihre Kleider sah, ohne weder Gott, noch Christus, noch die Jungfrau zu sehen, die ganz wesentlich für den Himmel sind, ist das nicht nur eine übertragene Sicht, übersetzt in begreifbare Begriffe, sondern eine vom Wesentlichen sehr gefilterte Sicht.]

Die Jungfrau sagte uns: *«Seht, wie glücklich die Menschen sind, die hier sind, das ist eine Freude, die es auf Erden nicht gibt.»* Das Fegefeuer ist ebenfalls ein weiter Raum, aber man sieht die Menschen nicht, nur aschgraue Schatten. Man fühlt, daß die Leute dort kämpfen. Man muß für sie beten, damit sie durch unsere Gebete aus dem Fegefeuer herauskommen können.

In der Hölle ist in der Mitte ein großes Feuer und man sieht, wie die Menschen dort in einem normalen Zustand hineingehen, und wenn sie dort herauskommen gleichen sie Tieren, als ob sie niemals Menschen gewesen wären. Um so mehr sie gegen Gott sind, um so tiefer stürzen sie ins Feuer.

Die, die in der Hölle sind, sind aus eigenem Willen dort hineingegangen. Sie wünschen es, sagt uns die Jungfrau und die Menschen, die auf Erden gegen den göttlichen Willen leben, leben schon in der Hölle und so setzen sie sie nur fort.

Heute sagen sich viele Menschen auf Erden: beim Tod ist alles aus, alles still, alles zu Ende. Irrtum, sagt uns die Jungfrau, das hier ist nur ein Übergang.

[Das ist die Lektion dieser symbolischen Sicht zu einer Zeit, in der, kraft der Abstaktion, soviele Christen nicht mehr an ein Jenseits glauben, nach den Meinungsumfragen.]

c) Einige Worte für den Alltag

Als die Jungfrau erschien, war ihre erste Botschaft: «Betet für den Frieden» und dann: «Durch das Gebet und Fasten könnt ihr Kriege anhalten.» Dadurch zeigte sie uns die Dringlichkeit an.

«Es gibt gute Priester und andere weniger gute. Die guten erhalten den Glauben ihres Volkes. Sie sprechen vom Evangelium und beten den Rosenkranz mit dem Volk. Betet für die Priester und Ordensleute. Es mangelt an Berufungen, sagt die Jungfrau.»

Ein Pilger fragt:

— Gibt es eine Beziehung zwischen der Botschaft von Fatima und der Botschaft von Medjugorje?

— Was ich in Fatima begonnen habe, werde ich hier in Medjugorje beenden, sagte die Jungfrau.

Als die Jungfrau weinend auf dem Hügel erschien, hat sie da gesagt, warum sie weinte?

— Ich weiß es nicht, denn ich habe sie niemals weinend gesehen. Wenn sie geweint hat, dann war ich an diesem Tag nicht da. Ich kann keine menschlichen Worte finden, um die Schönheit der Jungfrau auszudrücken. Ich kann nur ihr Äußeres beschreiben. Bevor sie erscheint, gibt es drei Lichter. Das ist für uns das Zeichen, daß sie kommt. Sie trägt ein graues Gewand, einen weißen Schleier und hat eine Sternenkrone. Sie hat blaue Augen, schwarze Haare und rosige Wangen. Sie flattert in der Luft auf einer kleinen Wolke und berührt die Erde nicht. An den großen Festen, Weihnachten und Ostern, ist sie in eine goldene Robe gekleidet. Und an Weihnachten kommt sie immer mit dem kleinen Jesus in den Armen, wie ein Baby. Nur einmal vor zwei Jahren am Karfreitag ist Maria mit Jesus am Kreuz gekommen. Er blutete stark und war in Fetzen gekleidet.

Er trug die Dornenkrone. Die Gospa sagte uns:

— Ich wollte euch zeigen, wie sehr Jesus am Kreuz für euch gelitten hat.

Jedesmal am Geburtstag der Jungfrau oder an unserem Geburtstag, gibt sie uns die Hand und gratuliert uns oder wir ihr. Das ist eine lebende Person, so normal wie wir.

— Welches physische Gefühl hast du, wenn du Maria berührst?

— Das ist etwas, das ich nicht erklären kann: eine vollkommene Fülle, eine absolut große Freude, ein tiefer Friede.

Betet für unseren Hl. Vater, den Papst. Er ist der Vater der ganzen Welt.

[Sie besteht auf dem Gebet für den Papst, die Priester und die ganze Kirche, die es nötig braucht.]

d) Vicka lebt und kocht bei den Ex-Drogensüchtigen von Schwester Elvira

Ein Pilger von Medjugorje konnte Vicka bei den jungen Ex-Drogensüchtigen von Schwester Elvira finden, wohin sie oft kommt, um in der Küche und bei der Arbeit zu helfen. Er hatte den Vorzug, neben ihr zu essen und notierte diese Worte:

Frage: Hast du immer die Erscheinung?

Vicka: Ja, jeden Tag zur gewohnten Stunde.

Frage: Und wo?

Vicka: Zu Hause oder wo ich mich gerade befinde, hier oder bei den Kranken, wenn ich sie besuche.

Frage: Ist es immer gleich, jetzt wie zu Beginn?

Vicka: Immer gleich. Aber das Treffen mit der hl. Jungfrau ist immer neu: könnte man sie mit Worten beschreiben oder sie mit einem anderen Treffen vergleichen? Selbst nicht mit der Mutter oder der besten Freundin.

Frage: In Italien wundert sich ein geistlicher Führer von Sehern, daß die Seher von Medjugorje nie von einer Madonna sprechen, die weint oder traurig ist.

Vicka: Nein, oft sehe ich sie traurig, weil die Dinge in der Welt nicht gut gehen. Ich habe gesagt, daß zu manchen Zeiten Maria sehr traurig war (Eco 116, S. 4). Sie hat die ersten Tage geweint und gesagt: Friede! Friede! Friede! Aber sie hat auch geweint, weil die Menschen in der Sünde leben, weil sie die hl. Messe nicht verstehe, oder das Wort Gottes nicht annehmen. Aber wenn Unsere Liebe Frau traurig ist, will sie nie, daß wir das Böse betrachten, sondern gibt uns Vertrauen für die Zukunft: dafür ruft sie uns zum Gebet und Fasten auf, die alles vermögen.

Frage: Und was tut die Madonna, wenn sie erscheint?

Vicka: Sie betet mit mir oder sagt einige Worte.

Frage: Zum Beispiel?

Vicka: Sie sagt ihre Wünsche, empfiehlt, für den Frieden zu beten, für die jungen Leute, ihre Botschaften zu leben um Satan zu besiegen, uns alle zu täuschen über das, was nicht gut ist; zu beten, daß sich ihre Pläne verwirklichen, sie fordert, jeden Tag eine Stelle der Bibel zu lesen und zu meditieren.

Frage: Sie sagt dir persönlich nichts?

Vicka: Was sie für alle sagt, ist also auch für mich bestimmt.

Frage: Und du erbittest für dich nichts?

Vicka: Das wäre das Letzte, an was ich dächte.

Frage: Wann wirst du die Erzählung veröffentlichen, die dir die Madonna von ihrem Leben gegeben hat?

Vicka: Alles ist schon vorbereitet und wird erst veröffentlicht, wenn sie es sagt.

Frage: Wohnst du jetzt in deinem neuen Haus?

Vicka: Nein, immer noch im alten, mit meinen Eltern und meinen drei Brüdern.

Frage: Aber ihr habt doch ein neues Haus?

Vicka: Ja, aber es ist für meinen Bruder, der eine Familie hat und zwei meiner anderen Brüder, die bei ihm sind.

Frage: Aber du gehst jeden Tag zur Messe?

Vicka: Sicher. Das ist das Wichtigste. Manchmal gehe ich am Morgen in die Kirche, manchmal hier, ein anderes Mal kommt ins Haus irgend ein Priester und zelebriert da, vor einer kleinen Anzahl von Personen.

Frage: Vicka, du heiratest nicht im Unterschied zu den anderen Sehern. Das rückt dich uns allen ein bißchen näher. Die Heirat ist für eine dazu berufene Person ein großes Sakrament, und heute, inmitten der Zerstreuung der Familien, brauchen wir heilige Familien, wie ich denke, daß die der Seher sind. Aber der Zustand der Jungfräulichkeit rückt dem Modell eines Sehers, das wir vor unserem geistigen Auge haben, wie Bernadette, die Hirten von Fatima, Melanie von La Salette, näher..., die sich ganz Gott geweiht haben.

Vicka: Siehst du, mein Zustand erlaubt mir, Gott und den Pilgern immer zur Verfügung zu stehen, um Zeugnis zu geben, da ich keine anderen Bindungen habe, die mich daran hindern, wie das der Fall ist, wenn man eine Familie hat...

Frage: Deshalb bist du die gefragteste und am meisten besuchte Seherin geworden. Ja, ich habe gehört, daß du mit Pater Slavko nach Afrika gehen willst; oder willst du lieber zu Hause bleiben?

Vicka: Ich mag nichts lieber. Es ist mir gleichgültig dorthin zu gehen oder zu bleiben. Für mich zählt das, was der Herr will, mir ist es egal, hier oder da zu sein. (Und dann, mit dem Feuer ihres sprichwörtlichen Lächelns, gibt sie uns gut zu verstehen, daß für sie nur das zählt, was Gott will.)

Frage: Geht es dir jetzt gut?

Vicka: Sehr gut. Mein Arm ist geheilt und ich fühle keinen Schmerz mehr.

Vicka blufft immer über ihre «gute Gesundheit», und zieht sich zurück, wenn man davon spricht. Sie ist gerade mit dem gebratenen Fisch fertig geworden. Sie verläßt den Tisch und kehrt in die Küche zurück, um zu helfen... denn es sind 60 junge Leute, die bei Schwester Elvira essen.

e) Die Jugend und das Kreuz

Frage: Gewährt die Gospa heute die gleichen Gnaden wie am Anfang?

Vicka: Alles hängt von der Tatsache ab, daß wir offen sind, das zu empfangen, was sie uns geben will. Wenn wir keine Probleme haben, vergessen wir, daß man beten muß

Im Gegensatz dazu, wenn Schwierigkeiten auftauchen, kommen wir zu ihr, um ihre Hilfe zu erhalten. Aber Unsere Liebe Frau will, daß wir zuerst um das flehen, was sie wünscht; dann sagen wir ihr, was wir brauchen. Was wichtig ist, ist die Verwirklichung ihrer Pläne (die die Pläne Gottes sind), und nicht unsere eigenen Absichten.

Frage: Was sagst du zu der Jugend, die die Leere und völlige Absurdität ihres Lebens fühlt?

Vicka: Weil sie das, was einen wirklichen Sinn hat, in den Hintergrund gestellt haben: sie müssen sich ändern und Jesus den ersten Platz in ihrem Leben einräumen. Wieviel Zeit verlieren sie in der Bar oder Diskothek? Wenn sie eine halbe Stunde Zeit fänden, um zu beten, würde die Leere weichen.

Frage: Aber wie macht man das, Jesus den ersten Platz einräumen?

Vicka: Man muß mit dem Gebet beginnen, um Jesus als Person kennenzulernen. Es genügt nicht zu sagen: wir glauben an Gott, an Jesus, die sich irgendwo befinden, über den Wolken. Wir müssen Jesus bitten, daß er uns die Kraft gibt, ihn in unserem Herzen zu finden, damit er in unser Leben eintritt und uns führt in allem, was wir machen. Dann müssen wir im Gebet fortschreiten.

Frage: Warum sprichst du immer vom Kreuz?

Vicka: Einmal ist Unsere Liebe Frau mit ihrem gekreuzigten Sohn gekommen. Es genügt, einmal zu sehen, wiesehr er für uns gelitten hat. Aber wir sehen ihn nicht und beleidigen ihn jeden Tag weiterhin. Das Kreuz ist etwas Großes, auch für uns, wenn wir es annehmen. Jeder hat sein Kreuz. Wenn man es annimmt, ist es, als ob es verschwände, und dann nimmt man wahr, wie sehr Jesus uns liebt und welchen Preis er für uns bezahlt hat.

Selbst das Leiden ist ein sehr großes Geschenk, für das wir Gott dankbar sein müssen; er weiß, warum er es uns gegeben hat und auch, wann er es von uns nehmen wird: Er fordert unsere Geduld. Nicht sagen: Warum passiert mir das? Wir kennen den Wert des Leidens vor Gott nicht; bitten wir um die Kraft, es mit Liebe anzunehmen. (von *Stella Maris*, Februar 1995.)

f) Die Gnaden der Erscheinung nach Vicka

Sœur Emmanuel hat Vicka nach den Gnaden gefragt, die mit dem Augenblick der Erscheinungen verbunden sind:

Vicka: Maria sagt, daß sie in der ganzen Geschichte nicht so viel Gnaden an die Menschheit verteilt hat, wie sie heute in Medjugorje und durch Medjugorje verteilt.

Sœur Emmanuel: Wenn ich während der Erscheinung neben dir bin, sehe ich nichts, aber empfange ich genausoviele Gnaden wie du?

Vicka: Sicher, und selbst wenn du nichts siehst und nichts fühlst, so sind die Gnaden für deine Seele doch da.

Emmanuel: Wenn ich in diesem Augenblick im Gebet bei mir zu Hause bin?

Vicka: Dann empfängst du genausoviel.

Emmanuel: Und wenn ich in diesem Augenblick im Ausland bin?

Vicka: Wo immer du bist, wenn du in diesem Augenblick betest, empfängst du die gleichen Gnaden.

Ein Hinweis für die, die aus ökonomischen Gründen nicht nach Medjugorje kommen können. Die Erscheinung findet im Winter um 18 Uhr und im Sommer um 19 Uhr statt: also immer um die gleiche Sonnenzeit, der Wechsel zur Sommerzeit macht den Unterschied.

4. Jelena Vasilj

Erfahrungen und Zukunftspläne

Frage: Was waren deine Erfahrungen während deiner Studien an der Universität von Steubenville?

Jelena: Ich bin sehr zufrieden und jetzt scheint mir Medjugorje klarer. Ich bin sehr glücklich, daß die Erfahrungen, die ich erlebt habe, nicht nur mir gehören, sondern von der ganzen Kirche geteilt werden. Wenn ich das Leben der Heiligen betrachte, erkenne ich mich in ihnen wieder und kann sagen, daß die Gnade, die ich empfangen habe, nicht etwas Einzigartiges ist, sondern so vielen anderen geschenkt wurde, in der Vergangenheit wie in der Gegenwart. Diese Feststellung hilft mir, im Glauben zu wachsen.

Frage: Und deine inneren Gespräche?

Jelena: Ich habe diese Gnade immer noch, aber nicht mehr täglich. Das geschieht während meines Gebets, vor allem während der Messe und wenn ich mich ins Schweigen zurückziehe. Die Mutter des Herrn ermahnt uns zur Anbetung Gottes und zum Glauben an ihn. Ich nehme ihre Gegenwart mit den Augen des Herzens wahr, und ich empfange die Botschaft in einer schnellen Erleuchtung: vielleicht 15 Sekunden. Wenn ich schreibe, erscheint mir das zu lang.

Frage: Was fühlst du nach dem inneren Gespräch?

Jelena: Oft ähnelt meine Reaktion der des Petrus, der zu Jesus sagt: Warum wollen wir hier nicht bleiben und unsere Hütten errichten? Wenn ich die Gegenwart Gottes fühle, möchte ich ein Zelt eröffnen und dort bleiben. Aber wir leben in einer Welt, die etwas von uns erwartet. Deshalb gibt mir Gott zu verstehen, daß es nicht immer möglich ist, sich seiner Gegenwart zu erfreuen.

Frage: Wie denkst du, die Erscheinungen zu bezeugen?

Jelena: Sicher nicht mit Gewalt. Gott wird mir sagen, wie ich ihm dienen kann. Manchmal erkennen wir nicht gut, wie wir Zeugnis ablegen können; vielleicht durch banale Dinge, Gesten, die die anderen anregen. Das ist mir passiert. Ich glaube, daß, wenn wir uns Gott öffnen, wir die Instrumente werden, durch die er handelt.

Frage: Und was glaubst du über die Ereignisse in Jugoslawien?

Jelena: Ich bin nicht qualifiziert, politische Urteile abzugeben, aber sie können als ein Teil des Planes Gottes betrachtet werden, denn nichts geschieht durch Zufall. Die Mutter Gottes ist oft in den wichtigsten und entschiedensten Augenblikken der Weltgeschichte aufgetreten, und ich merke, daß das ein historischer Augenblick von großen Veränderungen ist. Wir können den Krieg aufhalten, wenn wir die Botschaften der Gospa ernster nehmen.

Ich glaube an die absolute Macht des Gebetes. Wer diese Macht des Gebetes erfahren hat, kann nur noch daran glauben. Ich bin kein Sklave der Begeisterung, und ich lasse mich davon nicht mitreissen. Aber ich habe im Gebet verstanden, wie Gott handelt, wie er mich verändert und wie er verändert bis in die Situation hinein, in der ich mich befinde. Ich glaube fest, daß das Gebet eine starke Macht ist, und wir mit seiner Hilfe, vereint mit der Mutter des Herrn, in einem großen Ausmaß dem Bösen ein Hindernis entgegensetzen können.

Frage: Die Gospa hat ganz konkret am 25. Oktober 1993 gesagt: Wenn ihr die Botschaften verwirklicht hättet, hätte der Krieg nicht so lange gedauert.

Jelena: Wie alle Übel, so ist auch der Krieg ein Übel, gegen das wir nur mit Gott an unserer Seite kämpfen können. Wir sind so schwach, daß wir ohne die Gnade Gottes nicht widerstehen könnten. Nach meiner Meinung verlaufen die Dinge nicht so, wie sie sollten, weil wir noch nicht verstanden haben, daß wir nur mit der Gnade Gottes das Böse besiegen können.

Frage: Jetzt bist du weit weg von Medjugorje. Kannst du sagen in welchem Ausmaß die Priester eure Führer gewesen sind?

Jelena: Am Anfang hat uns Tomislav Vlasic sehr geholfen, die Gnade zu verstehen, die uns von Gott enthüllt wurde. Sicherlich ist die Initiative immer von der Mutter des Herrn ausgegangen, die uns geführt hat wie eine Gebetsgemeinschaft. Auch in Amerika habe ich einen geistlichen Führer: es ist ein Benediktinerpater, der auch mein Beichtvater ist. Es ist wichtig für mich, einen geistlichen Führer zu haben, der mir hilft zu verstehen, was Gott von mir will.

Frage: Wie erlebst du den Augenblick der Beichte?

Jelena: Wenn ich meine Sünden erkenne und bitte, daß sie mir vergeben werden, ist das Band mit Gott von neuem geknüpft. Die Beichte ist eine Quelle, die man auffangen muß, um im geistlichen Leben zu wachsen. Ich beichte alle zwei Wochen.

Frage: Glaubst du, daß die Mutter des Herrn Sehnsucht nach dir hat?

Jelena: In Medjugorje verlangt Maria das Geschenk unser selbst an Gott. Um so mehr ich nachsinne, um so mehr werde ich mir bewußt, daß sie kein besonders (erklärtes) Geschenk verlangt, aber wie das jetzt vor sich gehen soll, weiß ich nicht. Ich fühle, daß Gott mich in besonderer Weise ruft, und manchmal erschreckt mich das. Ich weiß nicht, ob der Augenblick einer konkreten Berufung schon gekommen ist, und ob ich schon reif genug bin, einen solch wichtigen Schritt zu tun... Ich glaube es ist wichtig, sich für die Heiligkeit zu entscheiden, da sogar der Ruf, den ich fühle, nicht mein Wunsch oder meine Entscheidung ist, sondern wohl ein Ruf Gottes. Ganz besonders in letzter Zeit strenge ich mich an, mich zu konzentrieren, damit es nicht meine Wünsche sind, die mich leiten, irgendetwas Positives zu tun, sondern der Ruf der Heiligkeit.

Frage: Was ist deine Erfahrung der Botschaften Marias?

Jelena: Wenn man das innere Wachstum unterbricht, scheinen diese Botschaften überholt, sie haben keine Bedeutung mehr. Oft sage ich: Lieber Gott, warum sagst du mir nichts Neues? Aber wenn ich es tiefer betrachte, verstehe ich, daß ich an mir arbeiten muß. Dann gewinnen alle Botschaften, die so einfach aussehen, eine tiefere Bedeutung. Ich erkenne, daß sie für mein geistliches Leben von tiefer Bedeutung sind. Wir kämpfen bis an unser Lebensende gegen unsere Schwächen und deshalb glaube ich, daß die Gebete, zu denen uns Maria ermahnt, niemals genug sein werden.

Das Rosenkranzgebet ist besonders wichtig. Dadurch werden die Geheimnisse des Glaubens Teil meines Lebens. Das Vaterunser steht über allen Gebeten, denn dort findet sich die Berufung Christi und unsere Berufung: den Willen Gottes und nicht den eigenen zu tun. Es ist wichtig, die Heilige Schrift, das Evangelium zu lesen. Wir vergessen, daß Jesus uns alle möglichen Hinweise durch die Heilige Schrift für alle unsere Probleme gegeben hat. Auch die Messe ist unersetzbar. Wir werden niemals ihren Wert genug verstehen. Es ist wichtig, jeden Tag zur Messe zu gehen, denn ohne die Gnade des Opfers Jesu ist es sehr schwierig, im Glauben zu wachsen.

Frage: Du warst zehn Jahre alt, als die Erscheinungen in Medjugorje begannen. Betrachtest du das als eine Gnade für dich, oder hättest du es lieber gehabt, daß das nicht passiert wäre?

Jelena: Wenn ich es von einem egoistischen Standpunkt aus betrachten würde, würde ich an die Annehmlichkeiten denken, die die Jugend meines Alters hat und ich nicht. Aber wenn ich meine kleinen Einschränkungen mit der Gnade Gottes vergleiche, muß ich lächeln. Wir sind für Gott geschaffen. Kein Leiden kann mit der Gnade Gottes verglichen werden, selbst wenn unsere Reaktion menschlich ist wie es oft geschieht, sogar mir. «Ohne die Gnade ist alles umsonst.»

Frage: Wirst du nach Medjugorje zurückkehren?

Jelena: Ich fühle mich dem Geist meiner Familie noch näher, seitdem ich nicht mehr beständig dort lebe. Mein Wunsch ist es, nach meinen Studien nach Medjugorje zurückzukehren und dort im Geiste zu wachsen. Ich wäre glücklich, wenn alle Pfarreiangehörigen intensiv zusammenarbeiten würden beim geistlichen Wachstum der Gemeinschaft.

(Quelle: Medjugorje, eine Einladung zum Gebet, Nr, 31, Tocco da Casaria PE, Via XX. September, Nr. 138, Tel. 085/ 880194.)

Man sieht durch dieses Zeugnis hindurch die Klarheit, den Ernst, die wohlgeformte Intelligenz Jelenas und die bemerkenswerte Erziehung, die sie von ihren Eltern erhalten hat, besonders von ihrem Vater, ein Mann und Christ mit außerordentlichem Wert.

Die Gnaden fließen weiter

Frage: Jelena, kannst du uns sagen, was du die letzten beiden Jahre gemacht hast?

Jelena: Seit zwei Jahren studiere ich an der franziskanischen Universität von Steubenville in Amerika, und gegenwärtig bin ich für ein Semester (das war also Anfang 1993) in Gaming in Österreich (einer Zweigstelle von Steubenville).

Frage: Aus welchem Grund hast du dich für das Studium der Theologie entschlossen?

Jelena: Wirklich, am Anfang hatte ich diesen Entschluß nicht gefaßt. Ich bin mit Freunden nach Amerika gefahren, nicht um die Theologie zu studieren, sondern um die Sprache zu lernen. Ich wollte nur kurze Zeit dort bleiben. Dann führten mich meine Freunde, die fast alle Theologie studieren, nach Steubenville, wo ich, um die Sprache besser zu erlernen, an den Stunden teilnahm. Als ich in diesen Stunden zuhörte, ist der Wunsch in mir erwacht, Theologie zu studieren.

Frage: Wie beurteilst du nach zwei Jahren diese neue Lebensperiode?

Jelena: Ich bin sehr zufrieden und es scheint, daß alles, was die Erscheinungen in Medjugorje betrifft, während der vergangenen Jahre klarer geworden ist. Wenn ich das Leben der Heiligen betrachte, erkenne ich mich darin wieder. (Diese Antwort ist identisch mit dem anderen Interview.)

Vorher war mein Glaube, wie soll ich sagen, kindlich, er gründete sich auf ein inneres Verlangen nach Gott, aber jetzt suche ich Gott mit meiner Vernunft und Intelligenz, und versuche voll seine Werte zu begreifen.

Frage: In Medjugorje warst du an einen anderen Lebensrhythmus gewohnt. Hast du noch Kontakt mit Marijana und hast du noch innere Erscheinungen?

Jelena: Ich habe keine so häufigen Kontakte mit Marijana mehr so wie früher, da ich in Amerika und sie in Medjugorje lebt. Ich habe noch die Gnade der inneren Erscheinungen, aber nicht mehr jeden Tag wie früher.

Frage: Was sagt die Gospa in letzter Zeit?

Jelena: Sie ermahnt uns zur Anbetung Gottes und zum Glauben an Gott.

Frage: Früher hattest du die inneren Erscheinungen während des Gebets. Sagt dir die Gospa jetzt, wann du die Erscheinung hast, oder kommt das spontan, wenn du betest?

Jelena: Ich habe die Erscheinung während des Gebetes, aber nicht immer. So zum Beispiel während der hl. Messe, nach der Kommunion oder nach Gebeten, in der Zurückgezogenheit und Stille.

Frage: Wie lange dauert eine Erscheinung?

Jelena: Das ist sehr kurz. Die Botschaft kommt vielleicht in 15 Sekunden. Es handelt sich um eine Inspiration, ein Gefühl.

Frage: Wie siehst du die Gospa?

Jelena: Ich sehe sie nicht mit den Augen des Gesichts, sondern mit den Augen des Herzens. Ich nehme ihre Gegenwart wahr in dem Augenblick, wo ich Gebete spreche, in der Zurückgezogenheit.

Frage: Siehst du sie immer auf die gleiche Weise?

Jelena: Der äußere Aspekt ist nicht genau (bestimmt), aber ich kann sagen, daß ich sie immer in Weiß sehe, wie Unsere Liebe Frau von Fatima, und nicht wie sie die anderen Seher von Medjugorje sehen. (Mit einem grauen Kleid und der Krone von zwölf Sternen.)

NB: Vorher hatte Jelena diese Beschreibung ihrer Visionen gegeben: «Ich sehe die Gospa mit dem Herzen, innerlich, ich sehe sie ganz in Weiß gekleidet, ich sehe sie auch, wenn ich mich nicht zu ihr hindrehe (zur Statue). Ich sehe sie mit geschlossenen Augen. Im Herzen höre ich klar ihre Stimme. Manchmal ist es nicht nötig, ihre Stimme zu hören, denn ich kann in Gedanken erkennen, was sie sagt. Zum Beispiel, wenn ich sie um etwas bitte, muß ich nicht den ganzen Satz sagen, und ebenfalls muß sie mir nicht alles sagen, damit ich innerlich die Antwort begreife. Diese innere Stimme fühle ich während des Gebets. Auf meine Bitte erhalte ich während des

Gebets die Antwort. Ich höre die Worte nicht, aber instinktiv nehme ich ihre Bedeutung auf.

Frage: — Jelena, wie fühlst du dich nach einer Erscheinung, könntest du weiterhin lange die Gnade dazu haben?

[Die folgenden Fragen und Antworten sind analog zu denen des vorhergehenden Interviews über die Gespräche und Jugoslawien. Die Unterschiede im Ausdruck sind nicht von besonderem Interesse.]

Frage: — Willst du nach Medjugorje zurückkehren?

Jelena: — Ja, sicher, ich werde während meiner Ferien zu Hause sein, und ich habe das Gefühl, daß ich immer da wohne und ich verstehe, daß das mein Zuhause ist. Es scheint, daß ich dem Geist meiner Familie noch näher komme, seitdem ich nicht mehr beständig in Medjugorje lebe. Ich habe außerdem verstanden, daß es sehr schwierig ist, die Wärme einer Familie zu schätzen, wenn man immer zu Hause lebt. Ich möchte nach dieser neuen Phase meines Lebens nach Medjugorje zurückkehren, und im Geiste noch wachsen, wie es seit Anfang geschehen ist. Es geschehen jedoch so viele Dinge in der Pfarrei, die verhindern, ein intensives geistliches Leben zu führen; ich wäre also sehr glücklich, wenn alle Pfarreiangehörigen beginnen würden, wenn das der Plan Gottes ist, intensiv am geistlichen Wachstum der Gemeinschaft mitzuarbeiten. (sehr nahe beim anderen Interview). (Quelle: Medjugorje Torino, Nr. 59.)

5. Wie Pater Jozo Zovko zum Seher wurde

Pater Jozo Zovko ist lange Zeit zurückhaltend darin geblieben zu bekennen, wie er die hl. Jungfrau nach einer ersten Zeit der Kritik, des Skeptizismus, dann der bußfertigen Annahme gesehen hat. *Medjugorje Torino* zitiert seine ausführlichen Worte (N, Nr. 61, S. 9):

— Ist es wahr, daß Sie auch die Gospa gesehen haben?

— Ja, es ist wahr. Eines Tages erzählten mir die jungen Seher, daß die Gospa ihnen versprochen hatte, in der Kirche zu erscheinen. Ich wußte nicht, was ich davon denken sollte. Ich brauchte keine Bestätigung um zu glauben, in diesem Augenblick war ich schon sicher. Und der Glaube gibt eine Sicherheit, die keiner Probe mehr bedarf. Und dann erschien mir die Gospa, während wir beteten. Ich sah sie. Im gleichen Augenblick sahen sie außer den drei Sehern auch noch andere Gläubige. Sie war genau, wie die jungen Seher sie beschrieben hatte: sehr schön, den Kopf umkränzt mit einer Krone von Sternen, über der Erde schwebend, die Füße auf einer Wolke gestellt. Ich kann nicht beschreiben, was ich in mir erfuhr: ein außerordentliches Gefühl. Seitdem ist sie mir auch andere Male erschienen.

[Besonders in seinem Gefängnis, wo die Wächter sich wunderten, die Tür offen zu finden, nachdem sie sie zuvor gut verriegelt hatten.]

— Ich wurde am 17. August verhaftet, ich blieb 15 Monate im Gefängnis. Ich hatte weder die Bibel noch ein anderes Gebetbuch. Ich habe gelitten, aber ich habe das Leiden angenommen als ein Geschenk Gottes, das mich im Glauben gestärkt hat (MT, Nr. 61, S. 9.)

6. Frater Petar Ljubicic

a) Bilanz

Pater Petar wurde beauftragt, über die Enthüllung der Geheimnisse zu entscheiden, wenn es ihm die Gospa erlaubt; er ist jetzt von der Pfarrei Medjugorje in die Schweiz umgezogen. Dieses Interview fand im Frühling 1994, vor seinem Umzug, statt:

Frage: Was kann man von den zwölf Jahren (und mehr) an Erscheinungen sagen?

Petar: […] Man wird niemals alles erzählen können. Warum haben wir diese Gnade empfangen? Wir haben sie von den ersten Tagen an erbeten. Zweifellos werden wir es im Himmel wissen. Ich sehe darin meinerseits ein großes Zeichen Gottes in dieser schwierigen Zeit, ein Zeichen seiner großen Liebe. Er will uns helfen, und wer könnte das besser als seine Mutter, die Königin des Friedens? […] Warum ist sie so gekommen, um uns zu lehren? […] Wie eine Mutter hört sie nicht auf, immer das Gleiche zu sagen: übergebt euch mir, habt keine Angst, ich bin mit euch.

Ich glaube, daß sie in unserem Herzen ein Echo finden wird […] Medjugorje wird weiterhin wie ein Ruf zur Umkehr bleiben, unser Leben zu ändern, fest an Gott zu glauben: ein Ruf, zum Opfer bereit zu sein, zu fasten und wirklich zu beten. Ein Ruf, einfach das zu tun, was uns die Jungfrau sagt. Eine Einladung zu verwirklichen, daß unser Leben ein Gebet wird.

Frage: In welchem Maße hilft Ihnen die monatliche Botschaft?

Petar: Die monatlichen Botschaften, die sie uns durch Marija gibt, sind ein Ruf, der uns anregt, im Glauben zu leben. Ich bin darüber glücklich, jedesmal ist es wie eine kleine Energiespritze, die mich wieder aufbrechen läßt, die mir hilft, immer mit der Gegenwart Gottes an meiner Seite zu rechnen. Er lädt mich ein, mittels seiner Mutter, jeden Augenblick meiner Existenz als einen Augenblick der Gnade zu leben, die er mir gibt. Diese Botschaften treiben mich an, mich nicht gehenzulassen und nicht zu vergessen, was wichtig ist für mein Heil und das der anderen.

Frage: Wie erleben die Einwohner von Medjugorje die Botschaften?

Petar: In den ersten Jahren hatte die Lebensweise eine wunderbare Seite. Sie fasteten im Sommer, wenn es sehr heiß war und sie viel Arbeit hatten. Gewöhnlich können sich die Leute, die viel Arbeit haben und wichtige Dinge zu erledigen, nur sehr schwer einem strengen Fasten unterwerfen, aber die Leute hier haben sich ohne Schwierigkeiten daran gewöhnt. Dann, nach und nach, ließen sie sich versuchen. [...] Sie sind müde geworden. Heute schließen sich nur einige der Botschaft der Jungfrau an und strengen sich an, sie zu leben. Diese gehen jeden Tag zur Messe und beten viel. Aber heute sind die große Zahl der Eiferer für Medjugorje Pilger, die hierher kommen und erfahren möchten, was die Jungfrau sagt.

Frage: Sind die zahlreichen Geschäfte, die in Medjugorje eröffnet wurden, vereinbar mit der Botschaft?

Petar: Man verkauft in allen Heiligtümern der Jungfrau Souvenirs, daran ist nichts Schlechtes. Jeder möchte ein Zeichen für den wunderbaren Augenblick mitnehmen, den er erlebt hat. Es ist ein Zeichen, daß man umkehren muß, sein Leben ändern, und natürlich profitieren viele davon, um Geschäfte zu machen. Das ist eine ungute Situation, sie ist unvereinbar mit den Botschaften, aber wir konnten uns dagegen nicht durchsetzen.

Frage: Viele sagen, daß die hl. Jungfrau immer die gleichen Dinge wiederholt. Was soll man ihnen antworten?

Petar: Bis jetzt haben wir 300 bis 400 Botschaften durch Marija empfangen und durch die anderen Seher. Viele gleichen sich, das ist wahr. Aber einige Unterschiede unterscheiden sie. Die Hauptbotschaft der Jungfrau ist eine Aufforderung zum Gebet. Sie lädt uns ein, uns zu bekehren und unser Leben zu ändern. Wenn wir es in festem Glauben tun und fastend, dann haben wir begriffen. Aber es ist wichtig zu verstehen, daß uns die Jungfrau auch lehren will, alle Menschen in Gott zu lieben.

Wenn ich die Botschaften lese, verstehe ich vollkommen, wie man die ganze Welt lieben soll, wie man alle Menschen lieben soll.

Frage: Wie viele Flüchtlinge gibt es in Medjugorje?

Petar: Es gibt 1100 Flüchtlinge, davon sind 700 in Biakovici und 400 in Medjugorje selbst. Es gibt 5000 davon in Citluk, die aus Mostar, Blagaj, Jajce und zahlreichen anderen Orten kommen. Der größte Teil der Flüchtlinge ist aus Bosnien.

Frage: Wie hat die Pfarrei diese Flüchtlinge aufgenommen?

Petar: Die Leute waren gewohnt, Pilger und nicht Flüchtlinge aufzunehmen. Aber sie wurden gut aufgenommen. Für die Einwohner von Medjugorje ist es eine Art, Gott für die Gnaden und Geschenke zu danken, die sie infolge der Erscheinungen empfangen haben. Ausnahmen fehlen nicht.

Frage: Sind die Flüchtlinge mit den Botschaften von Medjugorje vertraut gemacht?

Petar: Ich glaube, sie haben den wahren Grund ihres Auszugs begriffen. Sie sehen die Schwere der Sünde in der Welt und die Macht Satans. Für sie ist es leicht, die Botschaften zu verstehen. Manche haben sich daraus nichts Großes gemacht, andere waren niemals hierhergekommen. Ich arbeite jetzt mit ihren Kindern in der Schule, wo ich unterrichte. Die Kinder sind sehr offen, sehr mitteilsam. Man kann von allem zu ihnen sprechen, auch von den Botschaften. Ich glaube, daß die Botschaften helfen, ihren Glauben zu vermehren.

Frage: Erzählen Sie etwas von den Gemeinschaften, die in Medjugorje entstanden sind.

Petar: Es sind schon zahlreiche. Diese Gemeinschaften sind für mich das wunderbarste Ereignis… Viele haben ihre Arbeit aufgegeben. Viele, die heiraten wollten, haben darauf verzichtet, um sich ganz Gott zu weihen. Diese Gemeinschaften stellen eine große Gnade dar und sind ein großer Segen für die Pfarrei. Sie werden in der Zukunft die Botschaften leben und sie übersetzen. […] Die Gemeinschaft Oasis des Friedens ist vor fünf Jahren hier entstanden. Sie haben Boden erworben und begonnen, eine Kapelle zu bauen. «Warum nicht zuerst ein Haus bauen?», haben wir sie gefragt. «Zuerst die

Kapelle», haben sie geantwortet. Sie beten sieben Stunden am Tag. Einer von ihnen verbringt ein bis zwei Stunden der Anbetung vor dem hl. Sakrament. Wenn ich sie treffe, sage ich ihnen, daß sie ein Segen für die Pfarrei sind. [...]

Es gibt auch die Gemeinschaft von Schwester Elvira. Sie zählt 20 bis 30 Personen: in zwei oder drei Monaten haben sie drei oder vier liebliche Unterkünfte gebaut, aber auch sie haben mit der Kapelle begonnen: sie beten auch viel und arbeiten acht Stunden am Tag. Der größte Teil davon sind junge Leute, die hier ankamen nachdem sie auf den Alkohol, die Drogen usw. verzichtet hatten. Sie sind Bekehrte und legen jetzt durch ein Leben des Gebets und der gegenseitigen Hilfe Zeugnis ab. Ich feiere manchmal die Messe für sie und das ist immer ein großes Erlebnis für mich. Ich bin der geistliche Leiter für einige von ihnen. Sie regen mich vor allem an zu glauben, Gott für seine Geschenke zu danken, und für seine Gnaden. [...] Es gibt viele andere kleinere Gemeinschaften, alle sind ein großer Segen für Medjugorje.

Pater Petar hat nicht von der Gemeinschaft von Tomislav Vlasic gesprochen, zweifellos deshalb, weil sie in Medjugorje noch nicht errichtet ist. L´Oasis des Friedens ist vom Bischof nur toleriert, weil sie von der Botschaft von Medjugorje entstanden ist (obwohl sie alle Approbationen und institutionellen Formen besitzt).

b) Über die Geheimnisse

Frage: Sie sind der Frater, der von der Seherin Mirjana ausgewählt wurde, um uns die Geheimnisse drei Tage vor ihrem Eintreffen zu enthüllen. Wie werden Sie sich beim fälligen Termin verhalten?

Petar Ljubicic: Als Mirjana mir sagte, daß sie mich erwählt habe, hatten schon drei davon gesprochen. Ich dachte zuerst an eine Schmeichelei. Dann, einige Monate später sagte sie zu mir: Du bist erwählt.

Frage: Und wie haben Sie reagiert?

Petar: Nichts, ich sagte nichts. Ich bin nichts, aber wenn es damit so sein soll, so danke ich Gott, daß sein Wille geschehe und nicht der meine.

Frage: Wie denken Sie, diese Aufgabe zu erfüllen? Haben Sie genaue Regeln, denen Sie folgen sollen oder nicht?

Petar: Jetzt bete ich und lebe mein Priestertum intensiver und ich kann den Menschen auch besser helfen. All das gibt mir Kraft. Ich höre die Gebete von vielen Leuten. Viele schreiben mir und sagen, daß sie für mich beten. Alles in allem ist es eine sehr große Gnade und Verantwortlichkeit.

Frage: Und Sie sind darüber nicht erschreckt?

Petar: Nein, ich bin nicht erschreckt, wie mich auch dieser brutale Krieg nicht erschreckt, sinnlos und wirklich satanisch.

Frage: Was sollen Sie tun, Pater Petar, wenn der Augenblick kommt?

Petar: Zehn Tage davor werde ich wissen, was passiert. Es folgen sieben Tage des Gebets und des Fastens; drei Tage vorher werde ich sagen, was passiert und wo es passiert.

Frage: Kennen Sie den Gegenstand der Geheimnisse?

Petar: Es scheint mir, das erste Geheimnis bezieht sich auf Medjugorje. Das Ereignis wird hier stattfinden. Aber die ersten beiden Geheimnisse sind Hinweise. Man kann nicht sagen, daß sie Geheimnisse sind, sie machen uns alle aufmerksam: Alle, die hierherkommen nach diesen Tatsachen, werden wirklich überzeugt sein, daß die Heiligste Jungfrau an diesem Ort gegenwärtig war und diese jungen Leute die Wahrheit gesagt haben. Das wird offensichtlich sein. Alles weist darauf hin, daß das eintreffen wird, aber es wird nicht angenehm sein. Das dritte Geheimnis wird ein Zeichen auf dem Erscheinungsberg sein und eine große Freude für alle, die hierher nach Medjugorje gekommen sind und für alle, die glauben.

Frage: Vor zwei oder drei Jahren haben Sie gesagt, daß Bosnien und die Herzegowina frei sein werden. War das irgendwie auch ein Geheimnis?

Petar: Ich wußte von diesem Krieg schon vor zehn Jahren. Mirjana vertraute mir an (in Tihaljina): «Die Mutter Gottes hat zu mir gesagt: Kroatien und Slovenien werden frei sein (und das bezog sich auch auf Bosnien-Herzegowina). Aber vorher wird es einen Krieg geben.» Ich habe nichts anderes gefragt. Wir fuhren nach Medjugorje und ich fragte sie unterwegs: «Wißt ihr, was Krieg bedeutet, Blut und alles übrige.» «Ja, ja, ich weiß es. Über das, was ich weiß, kann ich nicht mehr sagen.»

Frage: Pater Petar, eine Frage, die diesen Krieg betrifft. Hat die Gospa etwas von einem besonderen Schutz für Medjugorje gesagt?

Petar: Ich erinnere mich nicht. Aber so wie es mir scheint, hat sie mir nichts gesagt. Aber sie sagte immer in ihren Botschaften: «Betet, fastet.» Ich erinnere mich daran genau, es war 1991. Sie sagte uns in einer Botschaft: «Ihr müßt neun Tage lang beten und fasten. Jeder von uns hätte diesen Willen des Betens und Fastens erfüllen müssen. Aber wenige nahmen die Sache ernst. Jetzt verstehen wir alle Botschaften und alle Erscheinungen. Selbst wenn jemand sie noch nicht verstanden hat, so strengen sich doch viele an, es zu tun. Ihr Pilger helft uns dank Medjugorje sehr. Ohne eure Hilfe und euer Gebet wären wir unfähig, alles zu ertragen, was geschehen ist. Das ist eine Prüfung, aber Gott liebt uns. Er führt die Geschichte der Menschheit, wie er die Geschichte jedes Einzelnen führt.

Frage: Was ist die Haltung ihrer Mitbrüder?

Petar: Fast keiner ist erschreckt. Manche sind besorgt und betrachten die Situation mit Pessimismus. Aber für uns, so sage ich immer, ist das eine Läuterung, eine geistliche Reinigung. Ich sage immer, daß dieser Krieg keine Züchtigung für uns ist, es ist ein Aufruf zu unserer Bekehrung, um endlich an Gott zu glauben, um wirklich Buße zu tun, um uns selbst zu helfen und den anderen, damit alle Menschen gerettet würden. (Quelle MT, Nr. 57, Mai-Juni 1994, S. 6-7.)

7. Interview mit Milona von Habsburg

Funktionärin der Pfarrei von Medjugorje

Als Blutsprinzessin und Abkömmling der königlichen Familie von Österreich hat sich Milona ganz in den Dienst von Pater Slavko und der Pfarrei gestellt als Sekretärin und vielsprachige Dolmetscherin. Sie erzählt:

«Anläßlich des Festes unter Freunden hörte ich das erste Mal von Medjugorje sprechen. Ich fühlte sogleich, daß ich dorthin gehen müßte, was ich auch tat. In drei Tagen war mein ganzes Leben umgedreht.

Ich stieg auf den Berg Krizevac, ich befand mich zwischen der fünften und der sechsten Kreuzwegstation.

Erschöpft setzte ich mich an den Rand der Gruppe. Ich saß auf einem Stein. Ich dachte nach und fühlte eine Gegenwart. Mein Blick war auf die Kirche von Medjugorje gerichtet, die dort unten in der Ebene gut sichtbar war. Da schien es mir, daß ich klar das Dach der Kirche offen sah, und den Himmel sich im Inneren ergießen. Das dauerte lange, so lange, daß ich verstehen konnte. Das bedeutete, daß Medjugorje den Himmel im ganzen Universum verbreitete. Ich prüfte alle Probleme meines Lebens und gleichzeitig dachte ich: “Wenn Medjugorje wahr ist, was willst du dann aus deinem Leben machen? Wenn es Gott wirklich gibt, wie wagst du es dann, dich wahrhaft Christin zu nennen?”

Ein Frater (Franziskaner) kam vorbei und mit ihm nahm ich den Weg zum Gipfel auf. Oben angekommen, beichtete ich unter dem Kreuz.

Eine aufrichtige Zerknirschung hatte mein Herz ergriffen und ließ mich vor Reue weinen.

Drei Tage später verließ ich Medjugorje, aber ein großes Feuer brannte in mir. Nach dieser Erfahrung hatte alles, was ich tat, einen anderen Sinn. Ich fühlte ein großes Verlangen, nach Medjugorje zurückzukehren. Ich kehrte dorthin zurück und blieb einige Monate dort. Nach einem Jahr befreite ich mich von allem, was ich hatte. Meine Freunde hielten mich für verrückt, aber ich ließ alles hinter mir. Ich erfuhr, daß Pater Slavko eine Sekretärin und Dolmetscherin brauchte, und ich ging für drei Monate dorthin. Jetzt bin ich dort sieben Jahre. Gott hat mein ganzes Leben in seine Hand genommen und meine Bekehrung macht beständig Fortschritte. Ich habe den Eindruck, daß ich vor dieser Erfahrung keinen tüchtigen christlichen Glauben hatte. Vorher glaubte ich, daß sich Gott irgendwo über den Wolken befände, heute lebe ich mit ihm, ich sehe Gott nicht, aber er ist wirklicher und näher als die Personen, die um mich leben. Ich habe die Liebe Gottes jenseits der menschlichen Logik entdeckt, in den Kämpfen gegen meinen Stolz und die Sünde.

Ich fühle die Wichtigkeit des Gebets für alle, die an Satan hängen, für die Seher zu beten, die Brüder von Medjugorje, für alle, damit die hier empfangene Gnade sich in allen Menschen ausbreitet» (Quelle: *Medjugorje-Torino*, Nr. 59, S. 7).

8. Interview mit Monsignore Chabbert, Bischof von Perpignan, Pilger von Medjugorje

Monsignore Chabbert war Franziskaner, wie schon vorher erwähnt.

Frage: Warum gibt es so wenige Franziskanerbischöfe in der Kirche?

Chabbert: […] Nicht einverstanden. […] Es ist genau der Franziskanerorden, der heutzutage die meisten Bischöfe stellt.

Wir sind ungefähr hundert in der Welt. Aber in Europa sind wir am geringsten vertreten. Die zahlreichsten sind die Missionsbischöfe. Ich meinerseits bin 15 Jahre in Marokko geblieben und Bischof geworden. Ich bin seit 12 Jahren in Frankreich.

Frage: Die Kirche hat sich noch nicht erklärt und Sie haben Ihre Gläubigen begleitet.

Chabbert: Die Kirche muß vorsichtig sein. [...] Die Jungfrau kommt weiterhin nach Medjugorje. Es ist noch nicht genug Abstand da, um alle Früchte richtig einzuschätzen und eine endgültige Meinung abzugeben. Aber die Kirche zeigt, indem sie die Entwicklung einer Pastoral in Medjugorje erlaubt, ein gewisses Wohlwollen in Hinblick auf diesen Wallfahrtsort. Persönlich glaube ich an die Erscheinungen in Medjugorje, aber als Bischof bin ich dem Hl. Stuhl unterworfen. Ich kann also nicht offiziell als Bischof behaupten, was ich denke, selbst wenn ich als Person sicher bin, mich in meiner Meinung nicht zu täuschen.

Frage: Stellen Sie eine Änderung im geistlichen Leben ihrer Gläubigen fest?

Chabbert: Sie entdecken in Medjugorje die Wichtigkeit des täglichen Gebets. Eine große Zahl Gläubiger entdecken, daß die Jungfrau einen Platz im Heilsplan hat. Ich habe mehrere ergriffen ausrufen hören: «Die Jungfrau ist gegenwärtig in Medjugorje.» Solche Treffen der Kinder mit ihrer Mutter können das Leben der Menschen beträchtlich verändern, denn sie beeinflussen stark ihre Bekehrung.

Frage: Was ist die Stellung Medjugorjes inbezug auf andere große Wallfahrtsorte?

Chabbert: Persönlich glaube ich, daß Medjugorje eine neue Aktualisierung der Botschaft von Lourdes und Fatima ist. In einer Welt, die die Werte verliert, ohne die der Mensch nicht richtig zu leben und zu lieben weiß, [...] erscheint die Jungfrau, um uns zu zeigen, wie wir noch gerettet werden können.

Durch ihre Botschaften gibt sie dem Menschengeschlecht eine neue Motivation, sich Gott zuzuwenden und seine Liebe anzunehmen. Sie zeigt uns, wie wir eine Kette der Liebe werden können, und sie stellt sich selbst in die Mitte dieser Kette. Als unsere Mutter gibt sie uns Gelegenheit, uns als ihre Kinder zu erkennen und hilft uns, das zerrissene menschliche Gewebe wieder auszubessern.

Frage: Was ist Ihrer Meinung nach die Zukunft der Botschaften von Medjugorje?

Chabbert: Es ist wichtig, daß die Menschen diese Botschaften verstehen und ernsthaft leben. Die Gegenwart Marias in dieser Welt wird Jesus allgegenwärtig machen. Nach den Botschaften von Medjugorje zu leben bedeutet, für den Frieden in der Welt zu arbeiten und den Seinen Festigkeit zu sichern. Durch ihre Erscheinungen bereitet die Jungfrau die Wiederkehr Christi vor. Medjugorje ist da, damit man die Angst vor dem Bösen überwindet.

Im Namen ihres Sohnes hat die Jungfrau den Kopf der alten Schlange zermalmt. Es ist der Augenblick, um uns geschlossen hinter sie zu stellen. Ich glaube, daß Medjugorje ein Zeichen dieses letzten Kampfes ist.

Frage: Wann wird der Papst die Erscheinungen in Medjugorje anerkennen?

Chabbert: Ich bin in die Geheimnisse des Hl. Stuhls nicht eingeweiht, [...] aber ich weiß mit Sicherheit, daß der Papst Medjugorje gegenüber günstig gesinnt ist. Für mich ist bezeichnend, daß die Jungfrau in einem Land erscheint, daß vor solch einem Abgrund tiefster Not steht. Maria ist da, wo der Geist des Bösen entfesselt ist, sie läßt uns dadurch wissen: «Fürchtet nichts... habt Vertrauen... und entscheidet euch für Gott, der das Böse besiegt hat.»

Frage: Die Französischsprechenden hatten keine Angst, mitten im Krieg nach Medjugorje zu gehen.

Chabbert: — Wir hatten Gelegenheit, viele Schriften über das Thema Medjugorje zu lesen. Das erste Buch über Medjugorje wurde von meinen franziskanischen Brüdern geschrieben und von der Gemeinschaft der Seligpreisungen veröffentlicht. Wir haben alle die Schriften von Pater René Laurentin. Diese Ereignisse sind uns also bestens bekannt. All das hat dazu beigetragen, daß die Französischsprechenden Medjugorje im Augenblick des Krieges nicht aufgegeben haben. (Quelle: Kroatische Zeitschrift *Nasa Ognjista*, Übersetzung in NM, Dezember 1994, S. 6-7.)

9. Monsignore André Mutien Léonard (54 Jahre), Bischof von Namur

Ausschnitt aus seiner Predigt in Beauraing, am 24. August 1994

Über die Erscheinungen in Medjugorje gibt es noch kein offizielles endgültiges Urteil der Kirche. Wir erwarten es in Vertrauen und Gebet. Aber persönlich habe ich mich 1994 dorthin begeben. Ich bin gekommen, ich habe gesehen und ich war überzeugt.

[Er zieht dann eine Parallele zwischen seiner Haltung und der Nathanaels, der eingeladen war, Christus zu sehen, der noch ein Unbekannter war und der auch auf dieser höchsten Ebene überzeugt wurde.]

Als ich 1994 in Medjugorje war, war ich persönlich sehr berührt von der Einladung zum Fasten. In dem Haus in Medjugorje, wo ich wohnte, luden mich die Leute ein, es am Freitag ihnen gleichzutun: fasten bei trockenem Brot und Wasser (man muß sagen, daß das Brot dort sehr gut ist).

Seitdem versuche ich, trotz meines turbulenten Lebens, in jeder Woche einen Tag zu finden, an dem ich faste. Geben wir zu, daß es Tage gibt, an denen uns das viel kostet. Aber das ist uns möglich. […]

Ich bitte euch darum, weil Jesus gesagt hat, daß es Dämonen für einen selbst, für die anderen und für die Welt gibt, die nur durch Beten und Fasten ausgetrieben werden können.

10. Kardinal Puljic, Erzbischof von Sarajevo

a) Aufruf der Bischöfe Ex-Jugoslawiens an die politischen Führer der Welt (6. Dezember 1994)

Wir Kardinäle von Zagreb und Sarajevo als Präsidenten der Konferenz der katholischen Bischöfe der Staaten Kroatien und Bosnien-Herzegowina [...], rufen euch im Namen aller Gläubigen, die in unseren Gebieten leben, auf, den Schrecken, die in unseren Staaten herrschen, ein Ende zu bereiten. [...] Unter dem Blick der ganzen Welt stirbt die Menschlichkeit, die internationalen Rechte werden verhöhnt, die Menschenrechte und die Würde jedes Einzelnen werden systematisch vernichtet, ebenso wie ganze Teile der Bevölkerung und religiöse Gemeinschaften. [...]

Alle diese Tatsachen sind ihnen bekannt [...], wir sind sehr verdutzt, feststellen zu müssen, daß weder die Großmächte, noch die internationalen Institutionen und Organisationen etwas Wirksames unternehmen, um dieses Übel zum Stillstand zu bringen. Wir sind jedoch überzeugt, daß es moralische Mittel gibt, die einen Angriff, so unmoralisch wie man es sich nicht vorstellen kann, stoppen können.

Alle Verhandlungen, die bis jetzt stattgefunden haben, haben die Leiden Hunderttausende unschuldiger Personen weder verhindern noch abschwächen können und noch weniger erlaubt, den Angriff zu hemmen und das internationale Recht zu errichten. In allen Gebieten, die gegenwärtig unter serbischer Autorität stehen, in Bosnien-Herzegowina wie in Kroatien, wird die ethnische Säuberung fortgesetzt. Die Katholiken und Mohammedaner, tatsächlich alle Einwohner, die nicht serbischer Nationalität sind, werden von ihren Häusern vertrieben und gezwungen, außerhalb der Grenzen ihres Landes zu gehen, meistens nach Kroatien. Außerdem sind sie zahlreichen Gewalttaten unterworfen, viele werden gefoltert, andere getötet. Die Abkommen werden nicht respektiert, die Versprechungen werden nicht gehalten. Gleichzeitig zwingen die Großmächte die, die angegriffen sind, sich allen Diktaten der internationalen Politik zu unterwerfen. Man verweigert ihnen sogar das Recht zur legitimen Verteidigung. Die Zonen, die offiziell unter internationalen Schutz gestellt sind, Sarajevo, Bihac, erfahren einen Granatenregen und die Einwohner leben unter der Bedrohung von hinterhältigen Schützen.

Die humanitäre Hilfe kommt teilweise nicht durch oder kommt nur sehr sporadisch bis zu denen durch, die in Gefahr sind. Die Bewohner der belagerten Städte sind also dem Winter ausgesetzt, ohne Nahrung, Medikamente und Heizmaterial.

Die Meinung der Weltöffentlichkeit nimmt durch die Macht der Gewohnheit als Schrecken nur noch die Angriffe auf die Krankenhäuser, die Zerstörung sanitärer Einrichtungen, den Mord an den Kranken und Verwundeten wahr. Was bleibt also vom internationalen Recht und den allgemein angenommenen Konventionen?

Die eingeschlossenen Städte gleichen Lagern, in denen Hundertausende von Menschen dem Hunger, der Kälte und dem Tod ausgesetzt sind. [...]

Wir haben kein anderes Mittel, um die Verantwortlichen in der Welt aufzurufen, damit sie die humanitären Prinzipien und Praktiken wirksam beschützen, die Rechte und Würde jeden Volkes, welcher Religion es auch angehört.

Die Erfahrung lehrt uns, daß es vorrangig nötig ist, die anerkannten Grenzen eines Staates zu bewahren. Jede andere Behandlung würde selbst auf höchster Ebene die Anerkennung des Rechts des Stärkeren bedeuten und dem Angreifer erlauben, aus seinen Verbrechen Nutzen zu ziehen. Ein wirklicher Friede kann nur ein gerechter Friede sein. Das Unrecht muß wieder gutgemacht werden, die international anerkannten Grenzen müssen geachtet werden, alle Vertriebenen müssen in ihr Heim zurückgebracht werden.

In Wahrheit bleibt uns, vom Gebet und dem Schmerz abgesehen, nichts anderes übrig, als uns an Sie zu wenden, die Sie die politischen Entscheidungen zugunsten der Gerechtigkeit, der Freiheit und eines gerechten Friedens beeinflussen können. Wir sind alle jenen dankbar, die in der Weltöffentlichkeit ihre Stimme gegen die Verbrechen erheben, die hier geschehen. Wir danken besonders zahlreichen religiösen Gemeinschaften und Vereinigungen in der ganzen Welt für ihre christliche Solidarität.

Wir hoffen, daß die Verantwortlichen der serbisch-orthodoxen Kirche in Ausübung dieses gleichen christlichen Gewissens sich bald äußern werden. Sie hielten soeben eine Versammlung ihres Episkopats in Banja Luka ab, sie müssen auf dem Laufenden sein über das, was sich hier abspielt (die massive Eliminierung der Katholiken). [...] Überlassen Sie uns nicht der Gewalt. [...] Wir beten zu Gott. [...]

Zagreb, 6. Dezember 1994
Kardinal Franjo Kuharic, Erzbischof von Zagreb
Kardinal Vinko Puljic, Erzbischof von Sarajevo

b) Wort Kardinal Puljics an Bonifacio

Ich bin zu Beginn dieses Krieges Erzbischof geworden (er wurde kurz nach diesem Interview im Herbst 1994 zum Kardinal ernannt). Ich danke Gott,.daß ich normal geblieben bin, trotz dem, was ich in dieser Stadt erlebt habe, wo schon Millionen von Handgranaten eingeschlagen haben, wo ich so viele Tote gesehen habe, so viel schweres Leid, soviele Demütigungen. Und doch ist es meine Pflicht, Träger der Hoffnung zu sein. Gott ist die Quelle der Hoffnung, alles übrige ist ein Unglück. Es sind mindestens 200 000 Tote. Eine halbe Million Menschen haben die Erfahrung des Konzentrationslagers gemacht und 30 000 Frauen wurden vergewaltigt. Die ethnische Polizei und der Völkermord werden systematisch als Kriegsstrategie benützt. Vor diesem Krieg hatte die Erzdiözese 520 000 Katholiken in 144 Pfarreien. Es war eine große Diözese und voller Leben, mit vielen Berufungen, guten Familien und so vielen Kindern. Jetzt wurden fast 300 000 Katholiken vertrieben, sind weit weg geflüchtet und zerstreut. Die Diözese ist auf ein Drittel von dem reduziert, was sie war. Viele Kirchen wurden zerstört oder beschädigt. Das Leben ist sehr schwierig. Ich danke Ihnen und mein Dank ist kein konventionelles Wort, sondern eine tiefe Anerkennung Ihrer Aktion. Haben wir Mut. Als Anerkennung und als Dank überlasse ich Ihnen eine Medaille, die der Heilige Vater Sarajevo geben wollte (Bonifacio, Oktober 1994, 51. Reise, S. 1).

c) Antworten Kardinal Puljics über Medjugorje

Einer der Mithelfer der humanitären Hilfe hat den Kardinal in Sarajevo interviewt. Er wagte es, über Medjugorje Fragen zu stellen.

Frage: Die Menschen, denen Medjugorje am Herzen liegt, meinen, man solle es schneller der Kirche einverleiben, Medjugorje, und die Gnade, die von diesem Ort ausstrahlt. Aber man hat das Gefühl, daß sich die offizielle Kirche von einer Parteinahme für dieses gute Werk Gottes abwendet.

Kardinal Puljic: Die Kirche hat sich niemals gegen das Gebet und besonders gegen die Sakramente, die Beichte und das öffentliche Gebet ausgesprochen. Die Kirche muß jedoch mit Weisheit und Klugheit vorgehen, und sie kann um so weniger eine endgültige Entscheidung treffen, als man behauptet, daß die Erscheinungen noch andauern. Wenn wir erfahren, daß die Erscheinungen nicht mehr stattfinden, dann müssen wir untersuchen, ob das Ergebnis mit den theologischen, moralischen und religiösen Prinzipien übereinstimmt und ob es gerechtfertigt ist. Wir können jetzt dem Urteil nicht vorgreifen. Die bis heute gemachten Beschlüsse sind schon veröffentlicht, aber die Kirche handelt mit Weisheit und läßt sich nicht manipulieren.

Frage: Medjugorje hatte zahlreiche positive Wirkungen. Zögert die Kirche nicht zu lange, daß sie anerkannt, was es auch immer sei, und glauben Sie nicht, daß die Anerkennung zu spät kommt? Es ist, wie wenn jemand mit Krebs befallen ist. Die Diagnose ist bekannt, aber man will mit der Therapie nicht beginnen. Und wenn man sich endlich entschließt zu handeln, ist der Patient schon lange tot. Ich habe die gleichen Ängste, wenn ich die Untersuchungen über Medjugorje betrachte.

Puljic: Wichtig ist zu wissen, um welche Krankheit es sich handelt. Die Kirche hat tatsächlich niemals das Gebet verboten und das Urteil der Kirche hat keinen negativen Einfluß auf das Gebet. Der Glaube kann Wunder vollbringen und man muß an die Macht des Gebetes glauben. Die Kirche reagiert nicht zu langsam. Sie muß den Geist der Gefolgschaft haben und sich an ihre eigenen Worte halten. Und diese Worte müssen mit der Wahrheit übereinstimmen. Die Kirche kann nicht die Mittel der Politik anwenden, selbst wenn es sich um eine Politik des Gebets handelt. Die Kirche ist ein weiser Ratgeber, der niemals irgendwie das Gebet untersagt hat. Ich möchte mich so ausdrücken: Wenn etwas von Gott kommt, kann es nicht verloren sein, aber wenn es das Werk der Menschen ist, ist es für die Vernichtung bestimmt.

Frage: Ich denke ebenfalls, daß wir keinen Fehler begehen, wenn wir Werbung machen, damit die Leute eine Wallfahrt nach Medjugorje unternehmen.

Puljic: Die Werbung hat immer einen negativen Nachgeschmack. Werbung bedeutet, daß man von irgend jemandem verlangt, irgend etwas zu glauben. Es wäre andererseits gerechter, wenn diese Sache die Menschen selbst anzieht: das wird sie tun, wenn sie von Gott kommt. Man wird das an ihren Früchten erkennen. Und davon hängt das Urteil der Kirche ab. Wenn es von Gott kommt, wird die Anziehung so sein, daß man keine Werbung braucht.

Frage: Wo sind Ihre Empfehlungen für unsere Leser?

Puljic: Das kommunistische System hat versucht, jedes geistliche Leben zu unterdrücken, genau wie die westliche Konsumgesellschaft. So ist es nicht verwunderlich, daß die Menschen nach dem Geistigen dürsten. Dieser Durst kann vielleicht durch das Gebet gelöscht werden. Ich rufe die Menschen dazu auf, daß sie das Gebet zur Quelle des Lebens zuhause machen, im Schoß der Familie, das heißt in der Kirche im Kleinformat, denn da sollen sie gerade Zeugen sein. Das Gebet soll die Menschen befreien, im Osten wie im Westen, von ihrer geistigen Armut, damit die Botschaft des Evangeliums, die Treue zu Gott, der Glaube und die wahren geistigen Werte sich einen Weg in unser tägliches Leben bahnen.

Sarajevo wurde durch die Waffen entzweigeschnitten, durch das Gesetz der Gewalt. Die Bevölkerung von Sarajevo will nichts anderes als wieder ein normales Leben führen, aber sie kann nicht über sich selbst bestimmen. Die Einwohner von Sarajevo ersehnen die Sicherheit und die Möglichkeit, frei ihre Überzeugung zu bekennen, ob sie jetzt nationaler oder religiöser Art ist. Aber das politische Klima ist schlecht, und wir sehen mit Bestürzung, daß die Politik sich nicht mit dem Menschen und seiner Würde befaßt. Die Politik beachtet nur den Stärkeren, anders gesagt, der ist der Stärkste, der an der Macht ist. Wer mehr Waffen hat und mehr Menschen tötet, wird mit Achtung betrachtet und man bewundert ihn. [...] Meine Landsleute sehen neidvoll, wie die westlichen Menschen ihre Lieblinge verwöhnen, das heißt ihre Hunde und Katzen. Die Tierschützer treten auf, damit man den Tieren kein Leid zufügt. Und wir in Bosnien-Herzegowina denken: Lieber Gott, wann werden wir so viele Rechte haben wie diese Tiere? Unsere Menschenrechte werden mit Füßen getreten. Ich appelliere an das Gewissen jeden Menschens, wohin geht die Kultur des 20. Jahrhunderts?

Frage: Wie ist die Situation in Banja Luka in diesem Augenblick?

Puljic: Ganz und gar dramatisch. Die Zahl der Kroaten und Mohammedaner, die früher in Frieden lebten, nimmt beträchtlich ab. Der Völkermord wird systematisch praktiziert. Heute dringt man gewaltsam in die Häuser ein, man plündert sie, Bomben werden gelegt, und Menschen werden ausgehoben, nicht nur um Soldaten, sondern um Kanonenfutter zu werden. Von diesem Schlag sind die Menschen in Panik versetzt. Aber wohin können sie fliehen? Und wenn sie fliehen, müssen sie es jedenfalls bezahlen. Die Welt nimmt kalt und gefühllos diese Beziehungen ins Bewußtsein auf, und ich hörte nie einen wirklichen Protest. Aber die es schweigend geschehen lassen, diese haben Schuld an dem Übel.

Frage: Früher sprach man oft von der westlichen Welt der Herzegowina inbezug auf Medjugorje. Als Kardinal von Bosnien-Herzegowina, wie ist die gegenwärtige Position der Kirche gegenüber Medjugorje?

Puljic: Bevor ich Erzbischof wurde, war die Bischofskonferenz des ehemaligen Jugoslawien der Meinung, daß das Phänomen Medjugorje Gegenstand einer Untersuchung werden sollte. Der Heilige Stuhl ließ wissen, daß nach den Befragungen, die durchgeführt wurden, nichts Übernatürliches sich in Medjugorje abspielte (sic). Als Erzbischof wurde ich zum

Mitglied der liturgischen Kommission ernannt, und ich wurde mit der Mission beauftragt festzustellen, ob in Medjugorje alles in Einklang steht mit der Lehre der Kirche, dem Glauben, der Moral und Liturgie.

Die Kommission konnte nur einen Besuch organisieren und ein Treffen, denn dann kam der Krieg auf, der die Fortsetzung der Untersuchung gehemmt hat. Jetzt wurde in Bosnien-Herzegowina eine neue Bischofskonferenz aufgestellt, und es ist wahrscheinlich, daß der Heilige Stuhl eine Kommission auf der Ebene der Kongregation ernennen wird, die die schon gemachten Untersuchungen und die Ereignisse, die seitdem geschehen sind, in Beziehung setzt um festzustellen, ob sie sich von der Lehre der Kirche nicht entfernen.

Wir müssen zugeben, daß das kroatische Volk im Laufe seiner Geschichte den Glauben bewahrt hat, und die Kirche wird dem in ihren Betrachtungen Rechnung tragen. Die Botschaften von Medjugorje werden von der Kirche überprüft, und sie wird Entscheidungen treffen, die sicher gut sein werden. (Quelle: Gebetsaktion.)

Kommentar

Dieses Zeugnis ist richtungsweisend, denn von ihm an wird Medjugorje von Kardinal Puljic in vielen Eigenschaften abhängen: nicht nur ist Mostar Suffragan von Sarajevo, der Hauptstadt, sondern der Kardinal ist Präsident der neuen Konferenz Bosnien-Herzegowina, die normalerweise über Medjugorje zu entscheiden hat. Kardinal Puljic, sehr verbunden mit seinem Suffragan, Monsignore Zanic, auch Monsignore Peric sind solidarisch in ihrer Opposition. Die ganze Länge dieses Interviews vermeidet er jedes positive Wort zugunsten Medjugorjes, und gibt in gewissen Grad negative Punkte an, die in Hinblick auf die Tatsachen erstaunen, besonders da, wo er erklärt: Der Heilige Stuhl ließ wissen, daß nach den Untersuchungen, die durchgeführt wurden, nichts übernatürliches in Medjugorje vor sich geht. Der Heilige Stuhl hat das Urteil der Bischofskonferenz nur angenommen, und nach der Interpretation von Kardinal Kuharic, dem Präsidenten dieser jugoslawischen Konferenz, bedeutet das Urteil, daß das Übernatürliche nicht bewiesen ist, aber auch nicht ausgeschlossen ist und daß die Prüfung weitergehen muß. Der Heilige Stuhl hat keine Erklärung gemacht, die höher steht als dieses vorläufige Urteil. Wir haben weiter oben gesehen, wie schwierig es ist zu sagen, «daß nichts Übernatürliches in Medjugorje vor sich geht». Das Übernatürliche: Messen, Beichten, zahlreichere Bekehrungen an diesem Ort als irgendwo anders in der Welt, sprechen gegen diese Behauptung, und wie wir weiter oben sagten, wurden die Heilungen von Medjugorje von zahlreichen Ärzten untersucht, darin inbegriffen der Präsident der Unterkommission der jugoslawischen bischöflichen Untersuchung, die den außerordentlichen Charakter der Heilungen festhielten. Man bleibt also immer noch in der gleichen Situation des Ausbleibens allen Positives, die Wunder von Medjugorje mit inbegriffen.

Menschlich und vom Standpunkt der Verwaltung aus gesprochen, läßt sich eine Opposition der neuen Bischofskonferenz voraussehen, die weit weniger günstig eingestellt ist als die alte, in der Kardinal Kuharic sich lange und geduldig einsetzte für die Anerkennung des Kults. In diesem Interview faßt der Kardinal feinsinnig die radikalen Deutungen der Gegner zusammen: Nichts übernatürliches. Die Bischöfe wären nur eingetreten, um sicherzustellen, ob Medjugorje «In Einklang steht mit der Lehre der Kirche, dem Glauben, der Moral und Liturgie». Aber tatsächlich hatte Monsignore Franic, langezeit Präsident der Lehramts- und Liturgiekommission, mit Begeisterung diese beispielhafte Konformität behauptet. Das Gute ist, daß Monsignore Puljic, der einig ist mit der Entscheidung der Bischofskonferenz, Anfang 1991 kam, um mit Monsignore Zanic die Wallfahrtsmesse zu feiern, uns die Anerkennung des Kults durch die gesamte Konferenz zu bestätigen. Die Hilfe, die ihm die Pfarrei und die Stützen von Medjugorje zuteil werden lassen, der friedliche Gehorsam der Pfarrei und der Pilger, die Gunst des Papstes und zahlreicher anderer Bischöfe, können eine ausgleichende und mäßigende Rolle bezüglich der negativen Einstellung spielen, und die Pilger werden weiterhin die Autorität der Macht respektieren, wenn sie auch zutiefst in ihrem Herzen über das Spiel schockiert sind, das die Solidarität der Verwaltungsorgane spielt, die sich verbünden, um die Wahrheit zu verbergen.

11. Interview des Generalvikars von Mostar, Luka Pavlovic (gegen die Erscheinungen), in Panorama, 23. März 1995

«Es sind Kinder, die gesagt haben, die hl. Jungfrau zu sehen. Keiner hat diese Gerüchte bestätigt und also sind es Kindermärchen. Medjugorje stand am Anfang vieler Meinungsverschiedenheiten und Polemiken innerhalb der Kirche.

Hier gab es drei Kommissionen; die erste Kommission bestand aus fünf Personen, Diözesan- und Franziskanerpriester, und diese Kommission wurde vergrößert auf 15 Mitglieder. Die zweite Kommission wurde zusammengerufen durch den Bischof Zanic, und war zusammengesetzt aus Personen, die aus allen Bistümern kamen, aus allen Fakultäten der Theologie und allen Provinzen.

Die Kommission hat zwei bis drei Jahre gearbeitet und als sie meinten, die Arbeit sei zu Ende, übergaben sie ihre Schlüsse dem Bischof, der sicher jemanden um Rat fragte, und er gab seinen Schluß ab. Er meinte, daß die Gospa dort niemandem erschienen sei. Dann traf vom Vatikan die Anordnung ein, daß eine neue Kommission von der Bischofskonferenz gebildet werden solle. Diese dritte Kommission setzte sich aus zehn Personen zusammen. Als diese Kommission ihre Arbeit beendet hatte, gab sie ihre Ergebnisse dem Bischof bekannt. Die Bischöfe haben diese Ergebnisse studiert, und man mußte daraus einen Schluß ziehen. 1991 in Zadar haben sie festgelegt, daß sich in Medjugorje nichts übernatürliches abspiele. Das bedeutet, daß die Gospa niemandem in Medjugorje erschienen ist. Das ist die offizielle Position der Kirche. Was wird im folgenden geschehen? Gott allein weiß es. Gewisse Franziskaner sagten, daß die Gospa in Medjugorje erscheint, aber selbst wenn es wahr wäre, ist das eine private Angelegenheit und verpflichtet zu nichts. Es gibt nur einen Streit darüber, was die Bischöfe gesagt oder nicht gesagt haben, über das, was die Kirche gesagt oder nicht gesagt hat. Die offizielle hierarchische Kirche hat nicht gesagt, daß die Gospa in Medjugorje erschienen ist. Wenn in fünf, zehn oder 100 Jahren die Kirche das weiterhin sagt, daß man die Erscheinungen Marias nicht studieren und nicht erkennen kann. Man kann sie nur fühlen. Man kann daran glauben oder nicht daran glauben.»

Beobachtungen

Der Generalvikar stellt genau seinen Standpunkt dar. Er unterläßt es zu sagen, daß Rom das negative Urteil von Monsignore Zanic abgewiesen hat und ihn aufgefordert hat, die Kommission aufzulösen. Er bringt kein Argument der drei Kommissionen vor, in denen die Meinungen geteilt waren, und in denen die günstig eingestellten Experten sich kaltgestellt fühlten. Die letzte Kommission hat kein Dokument veröffentlicht. Die Bischöfe gaben nur bekannt, daß sie glaubten, keine Beweise für das Übernatürliche aufgestellt zu haben. Diese Kommission hatte «ihre Arbeit nicht beendet» und auch keinen endgültigen Schluß gezogen (wie es angenommen wird). Ganz im Gegenteil hatten Kardinal Kuharic und die Konferenz sie gebeten, nach der Veröffentlichung der Erklärung ihre Arbeit fortzusehen. Der Schluß: «Nichts übernatürliches ging vor sich» übersteigt alles, was aus den Arbeiten der Kommission hervorgeht, die das Übernatürliche ganz und gar nicht ausgeschlossen hat, sondern sich nur weigerte, es zu erklären (siehe oben S. 32-42).

Der Generalvikar wie der Bischof hüten sich zu sagen, daß die Wallfahrt verboten oder tadelnswert sei. Sie geben den Erscheinungen den Anschein einer freien, privaten Meinung, im Rahmen der Freiheit, die in der Kirche herrscht für die in Frage stehenden Probleme. Wenn die Meinung des Generalvikars klar negativ ist (wie es sein volles Recht ist), so weicht er klug aus über die Wahrscheinlichkeit seines Schlusses, wie auch über die Zukunft.

12. General Morillon

[Von der Tatsache ausgehend, daß er in Medjugorje fast alle Verhandlungen mit den Chefs der gegensätzlichen Partien führte, hat ihn François Vayne nach seiner Meinung über diese Ereignisse gefragt.]

General Morillon: Die Ereignisse von Medjugorje sind verwirrend. Die jungen Leute, die sagen, die Jungfrau Maria zu sehen, laden uns seit 13 Jahren ein zu beten und für den Frieden zu wirken. Haben wir das genug getan? Ich bin in Rahmen meiner Mission, die Verhandlungen zu führen, nach Medjugorje gegangen. Ich habe offiziell an keiner Zeremonie teilgenommen, denn ich glaube im wesentlichen, die Entscheidungen der kirchlichen Autorität abwarten zu wollen, die eventuelle Anerkennung der Erscheinungen. Greifen wir nicht vor! Die Liebe der Kirche empfiehlt uns, still und klug zu sein, was nicht daran hindert zu beten, für den Frieden zu fasten und ohne zu warten, das Evangelium Jesu Christi zu leben. Die Jungfrau Maria ist die Königin des Friedens: Mutter aller, keiner kann ihre Botschaft eintreiben. [...]

[Der General hatte keine Schwierigkeit zu sagen, daß der Glaube sein Handeln eingibt.]

François Vayne: Wir leben Sie Ihren Glauben?

Morillon: Die eucharistische Anbetung speist meinen Glauben und gibt mir die Kraft, meine Taufe zu leben. Ich bin ein geistiger Sohn von Monsignore Charles, dem ehemaligen Rektor der Basilika von Montmartre. Er lehrte mich die Notwendigkeit, in der Gesellschaft Christi zu leben, um die Gnade meiner Taufe erblühen zu lassen. Und die Gesellschaft Christi setzt die Gegenwart Marias voraus. [...] Ohne sie kann man die christlichen Tugenden des Glaubens, der Hoffnung und der Liebe nicht leben.

François Vayne: Was kann die Rolle Marias ein Balkonkonflikt sein?

Morillon: Der gemeinsame Glaube an einen Gott müßte die orthodoxen Serben, die katholischen Kroaten und die mohammedanischen Bosnier einander näherbringen. Es genügt nicht, nur die Waffen zum Schweigen zu bringen. Die Jungfrau Maria, die von den Mohammedanern sehr geliebt wird — die eine große Verehrung für sie übrig haben — kann ein Faktor der Einheit zwischen den kriegführenden Parteien sein. Diese Wirklichkeit geistiger Ordnung erhält meine Hoffnung auf einen möglichen Frieden aufrecht.

François Vayne: Möchten Sie ein Heiliger werden?

Morillon: Ja, das ist die Berufung jedes Getauften. Die Anforderungen dieser Sichtweise erschrecken mich ein wenig. Dennoch weiß ich genau, daß es genügt zu lieben. (Quelle: F. Vayne, in *Lourdes Magazine*, Mai 1994, Nr. 31; siehe Echo 113, S. 5.)

13. Unauslöschliches Licht in den Schrecken des Krieges

Die Klarissinnen von Brestokavo waren monatelang zwischen den Kämpfenden (Echo 104, S. 6 ab und 110, S. 5). Jetzt sind sie dabei, das Dach des Klosters auszubessern, das letztes Jahr durch eine Brandbombe beschädigt wurde. Alberto (Boniface) besuchte sie. Das Feuer ihrer Anbetung blieb immer brennend während der Qual, trotz zahlreicher Versuche, sie umzusiedeln. Jetzt haben sie wieder Wasser und elektrischen Strom, und das gemeinschaftliche Leben normalisiert sich allmählich wieder (Echo 112, S. 6b).

Folge

In dieser wiederhergestellten Lage, in der die Natur wiederaufblüht, haben die Klarissinnen eine junge Kandidatin aufgenommen. Sie sehen darin einen Segen Gottes für ihre Gemeinschaft, die das Gebet und das geistige Leben des umgebenden Volkes aufrecht erhalten und gestärkt hat, obwohl sie in der Qual des Krieges ganz allein auf sich gestellt waren (Echo 113, S. 5c).

14. Eine Statue Unserer Lieben Frau von Medjugorje weint in Civitavecchia (Italien)

Am 24. März 1984, soll die Jungfrau in Medjugorje gesagt haben: «Ich bitte euch darum, erlaubt nicht, daß ich blutige Tränen weine wegen der Seelen, die in der Sünde verlorengehen.» Das war vielleicht eine Ankündigung des Tränenwunders, das seit dem 2. Februar 1995 von Civitavecchia gemeldet wird. Aber dieses Wort müßte überprüft werden, denn es findet sich nicht in den Botschaften, die ich sorgfältig aufgezeichnet habe, und auch nicht in den anderen Aufzeichnungen. (Man hat nur ein Zeugnis von Nickyelta vom 4. März 1995). Geheimnisvollerweise hatte eine italienische Mystikerin im August 1994 zum Bischof von Civitavecchia durch einen Exorzisten von Rom gesagt, daß sich in seiner Diözese ein Tränenwunder ereignen würde, und daß es eine Ankündigung von Unheil sei, das Italien bedroht.

Skeptisch aber beeindruckt, ging der Bischof hin, um vor der Statue Unserer Lieben Frau von Medjugorje zu beten, die schon 13mal bei dem Elektriker Fabio Gregori geweint hatte, die dieser still zu sich genommen hatte. Und während er mit zwei Ordensfrauen betete, weinte die Statue ein 14.mal: das ließ seine Überzeugung stärker werden.

Die Tränenstatue von Civitavecchia war Unsere Liebe Frau von Medjugorje. Und von Medjugorje hatte sie der Pfarrer dem Elektriker Fabio Gregori gebracht.

— Sie hat 14mal geweint, zur Zeit der 14 Jahre von Medjugorje, bemerkte Frater Jozo Zovko (E, 15. Mai 1995).

10. Chronologie

1994

24. Juni	Jahrestag der Vorerscheinung am Fuß des Berges. Friedensmarsch von Tihaljina nach Medjugorje: der dritte seit 1992.
25. Juni	13. Jahrestag der Erscheinungen von Medjugorje. 9. jährliche Erscheinung der Jungfrau für Ivanka zu Hause, im vertrauten Familienkreis: eine sehr fröhliche Erscheinung in Kontrast mit der dramatischen Erscheinung des vorhergehenden Jahres (DN 13, S. 19).
Ende Juni	Pater Petar Ljubicic startet eine lange Tournee in die Länder des Ostens: er beginnt mit Polen (Eco 113, S. 4c).
3. Juli	Vicka reist nach Irland ab.
11. Juli	Vermutete Erscheinung der Jungfrau für ein junges, ungläubiges Mädchen, das nach Medjugorje gekommen ist (oben S. 125).
14. Juli	Geburt Michaeles, des Erstgeborenen der Seherin Marija in Italien.
17. Juli	Heirat von Milka Pavlovic, Seherin eines Tages, dem 24. Juni 1981.
Ende Juli	Wallfahrt von Monsignore Chabbert, Bischof von Perpignan, erster französischer Bischof, der nach Medjugorje kam (25. Juli).
31. Juli	Anfang des Jugendfestivals über die Familie, angeregt von Slavko, Sœur Emmanuel und die Seher Mirjana und Ivan, die eine Familie gegründet haben.

5. August	Nach der Unterhaltung mit Jelena 1984 feierten die jungen Leute mit Freude um 22 Uhr den Geburtstag der Jungfrau Maria (vermutet: der 2010.).
6. August	Schluß des Festivals der Jugend.
6.-9. August	Zweites internationales Treffen der Heime in Medjugorje über das Thema: Berufen, heilig zu sein.
21. August	Hochzeit von Ana, der Schwester von Vicka, die Stütze der Gebetsgruppen in Medjugorje.
23. August	Private Wallfahrt von Monsignore Dante Frasneli nach Medjugorje.
24.-25. August	Ivan spricht in Beauraing zu 8000 Pilgern in Gegenwart des Bischofs Monsignore Léonard. In seiner Predigt sagt dieser, daß er persönlich von der Echtheit der Erscheinungen überzeugt ist (oben S. 179).
25. August	Ivan fährt nach England ab mit Slavko — (Eco 114, S. 5).
	Besuch des russischen Botschafters in Kroatien, Leonid Kerestedzinjan in Medjugorje (NM, Oktober, S. 4).
	Pilger aus zahlreichen Nationen während dieses Monats: Rußland, Hongkong, Korea usw.
4. September	Monsignore Peric, Bischof von Mostar, feiert in Medjugorje die Messe (NM, November, S. 7).
5. September	Die Patres Landeka, Pfarrer von Medjugorje, Svetozar Kraljevic und Leonard Orec reisen nach Sarajevo ab, zum Papstreffen, … der nicht kommen kann.
8. September	Unter den Pilgern bemerkt man zahlreiche Tschechen, die mit 20 Bussen gekommen sind, und 100 Pilger aus Rumänien mit zwei Priestern.
	Der Papst, der verhindert ist, nach Sarajevo zu kommen, feiert die Messe auf Kroatisch in Castelgandolfo. Er verkündet die für das Stadion im Sarajevo gemachte Rede, die mit der zentralen Anrufung von Medjugorje endet: Königin des Friedens.

9. -11. Sept.	Der Papst ist in Zagreb. Eine Delegation aus Medjugorje wohnt der Messe bei, darunter Marija, die ihre stille Erscheinung während der Zeremonie hat.
11. September	Kreuzerhöhung. Messe gefeiert auf dem Berg Krizevac von Ivan Landeka, Pfarrer von Medjugorje mit 28 Priestern und zehntausend Pilgern.
25. September	Taufe von Michaele (E. 11. Oktober).
5. Oktober	Jozo in Nizza und Monaco.
2.-22. Oktober	Tournee von Zeugniskonferenzen von Sœur Emmanuel in Frankreich.
22. Oktober	Einweihung des 9. Hauses der *Oasis* in Saint-Marcel, Diözese Jesi (Eco 116, S. 5).
23. Oktober	Heirat von Ivan in Boston. Photoreportage in *Medjugorje-Magazine*, Winter 1994-1995, S. 6-11. Gleich nach der Zeremonie hat Ivan die Erscheinung. Alberto Bonifacio, der bei der Hochzeit dabei ist, begibt sich dann zur großen Versammlung der Verantwortlichen der *Centres pour la paix Medjugorje* von ganz Lateinamerika bis Costa Rica.
26. -31. Oktober	Sabrina Covic koordiniert eine wichtige Wallfahrt, um die Weihe Frankreichs durch die Hände Unserer Lieben Frau zu erneuern, die vergangenes Jahr durch die Deputierte Christine Boutin verlesen wurde. Der Mann von Sabrina (Serbe) kommt zum ersten Mal dorthin, zur Taufe ihres ersten Kindes: Marija Katarina, geboren am 26. August. Die Weihe Frankreichs wird am 29. gefeiert. (Ende Oktober — Petar Ljubicic, beauftragt mit der künftigen Enthüllung der Geheimnisse, ist nach Zürich umgezogen, um sich dort mit den Kroaten zu beschäftigen. Er sollte Ende Dezember abreisen. Aber seine Abreise wurde auf Februar verschoben.)
9. -11. Nov.	Konferenz Medjugorje im Pittsburg mit der Devise: Mehr beten, weniger reden (NM 1994, S. 41).

25. November	Tod von Pater de Vathaive von Rouen, der für Medjugorje viel getan hat: Wallfahrten, Verbreitung der Botschaften usw.
6. Dezember	Kardinal Vinko Puljic besucht Medjugorje. Er fährt mit dem Sanitätswagen ab, der für ihn sehr wichtig ist und den man ihm zum Geschenk macht (EM Nr. 25, S. 5).
7. Dezember	Ivan kommt von Boston zurück mit seiner Frau Loreen. Pater Leonard Orec und Slavko zelebrieren mit Kardinal Puljic in Sarajevo (AB, 11. Dez.).
11. -18. Dez.	Jozo Zovko, der von seinem Amt als Prior befreit ist, beginnt seine Predigttourneen in Italien: Macerata, Assisi, Guado Tadina, Farro, Cesena, Perugia und Siena (Mt 61, S. 3; am 23. in Lourdes.
1. Januar	Die Gospa zu Marija: «Vergeßt nicht, ich bin bei euch.»
8. -22. Januar	Konferenzen von Sœur Emmanuel in Luxemburg, dann in Frankreich. (13. Januar — Slavko in Lateinamerika (Eco 119, S. 4a.)
13. Februar	Er hat den Plan einer Tournee in Afrika und in der Reunion-Insel (Januar 1996.)
16. Januar	Bonifacio reist nach Salvador, Guatemala, Ekuator Peru, Bolivien ab, um die Gruppen Königin des Friedens und die Gebetsgruppen Medjugorje zu besuchen.
27.-28. Januar	Erste Sitzung der Bischofskonferenz von Bosnien unter dem Vorsitz von Kardinal Puljic in Mostar (NM, März, S. 7).
12. Februar	Taufe von Ariana Maria, Tochter von Jakov, im Januar im Italien geboren.
1.-8. März	Jozo Zovko in Slovakien.
19. März	Tomislav Vlasic in Medjugorje.
2. April	Das dritte Mal kommt eine Delegation des Volkes von Mostar (dieses Mal mit einer Menge) zu Monsignore Peric, um den Ausschluß der Franziskaner in der Pastoral von Mostar zu beschränken. Diese Kundgebung, die in Beziehung steht zum alten Problem der pastoralen Abtretung der Franziska-

ner an die Weltgeistlichen, stand in keinem Bezug zu Medjugorje. Die Franziskaner, die von der weltlichen Autorität zu Hilfe gerufen wurden, erreichten die Zerstreuung der Kundgebung, die sie unterstützen wollte. Aber eine weitere Kundgebung fand am 9. April statt.

2.-6. April — Erste geistliche Konferenz für die Gruppen Medjugorje im Makarska (Eco 118, S 5-6).

5. April — Internationales Treffen von Führern von Medjugorje in Baska Voda, nahe bei Makarska: 70 Teilnehmer (Eco 118, S. 5-6). Vier Seher sind gekommen. Ivanka wollte nicht wegen ihrer drei Kindern.

6. April — Kardinal Kuharic, der Präsident der kroatischen Bischöfe und der kroatische Vizepräsident, Doktor Jure Radic, stellvertretend für Präsident Tudjmann besuchen Johannes Paul II. in Rom, um ihm für seinen Besuch in Zagreb zu danken und laden ihn ein, nach Split zu kommen zur Siebzehnhundert-Jahr-Feier des Katholizismus in Kroatien. Grundsätzlich nimmt der Papst an. Er drückt den Wunsch aus, auch zu den Heiligtümern Maria Bristica... und Medjugorje zu kommen. Die kroatischen Zeitungen (*Sloboda Dalmatia*, S. 3) machen damit Staat.

10. April — Gala des Films Gospa in der Radio-City Music Hall in New York (MM 94, S. 3). Mitte April Abreise Ivans nach USA (familiärer Besuch).

15. April — Vier ehemalige Drogensüchtige, von Schwester Elvira wiederhergestellt, werden in der Osternacht in Medjugorje getauft.

Ende April — Marija in Mexiko, um dort die Botschaften Anfang Mai von Medjugorje zu verbreiten (E. 15. Mai 1995).

Mai — Ausgang des Films Gospa in den USA, dann nach Europa.

5. Mai — Ivan und seine Frau Laureen kehren nach Medjugorje zurück.

6.-12. Mai	Wallfahrt nach Medjugorje von Kardinal Wamala (Uganda) und Monsignore Lagrane, Bischof von Gap, der mit einem Bus von Pilgern seiner Diözese kam.
20.-21. Mai	Wallfahrt von Kardinal Jean Margeot von der Mauritiusinsel.
2.-4. Juli	Konferenz Medjugorje in der Notre-Dame-University (Indiana, USA) über das Thema: Auf den Ruf Unserer Lieben Frau antworten.
24. Juni	14. Jahrestag der ersten Erscheinung am Fuß des Berges. 4. Friedensmarsch von Tihaljina nach Medjugorje.
25. Juni	14. Jahrestag der ersten Erscheinung auf dem Berg. 10. jährliche Erscheinung für Ivanka zu Hause.
1.-6. August	Jugendfestival in Medjugorje.

Inhaltsverzeichnis

Bücher über Medjugorje aus dem Parvis-Verlag

Gnadengeschenke

Wir wurden in Medjugorje bekehrt, geheilt und berufen

Obgleich es zur Zeit mehr als 50 Bücher in deutscher Sprache über Medjugorje gibt, ist dieses zweite Buch des Autors etwas Besonderes. Peter Zimmermann konzentrierte sich in erster Linie auf Bekehrungen, Heilungen und Berufungen. Der Leser erfährt durch die Berichte und Erlebnisse der Interviewpartner von den gewaltigen Gnadenschätzen, die durch die Gospa (Madonna) in Medjugorje ausgeteilt werden. In manchen Berichten geht es um Leben und Tod.

176 Seiten, 13x20 cm

SFR 18.– DM 22.– öS 160.–

Worte des Friedens

Die Botschaften Mariens in Medjugorje

Gott in seinem Plan für die Rettung der Menschheit erfand Medjugorje, eines der ärmsten Dörfer in Bosnien/Herzegowina. Dort ließ er die wunderbarste Explosion unseres Jahrhunderts hochgehen: eine Liebesbombe. Millionen von Herzen, die wieder Hoffnung haben und eine Nahrung finden, die heute äußerst knapp ist: den Sinn des Lebens.

Die Königin am Platz? Die Jungfrau Maria. Ihre Absicht? Die Gründung einer Liebesschule, um ihr Kind, die Menschheit, zu retten. Ihre Mittel? Sechs Dorfkinder. Dieses Buch bietet die gesamten, von Cyrille Auboyneau hervorragend eingeleiteten Worte der Gottesmutter in Medjugorje seit Beginn der Erscheinungen im Jahre 1981 bis 1994. Viel Glück für den, der sich in diese Worte vertieft; vor ihm öffnen sich die Tore des Lichtes.

272 Seiten, 14,5x22,5 cm

SFR 22.– DM 27.– öS 195.–

365 Tage mit MARIA

Jeden Tag eine Botschaft
von der Jungfrau Maria in MEDJUGORJE

Wenn man an den Ereignissen in Medjugorje glaubt muß man auch den Ratschlägen der Mutter Gottes folgen. Dieses Buch bietet für jeden Tag einen kurzen Rat entnommen der Botschaften Marias.
Ein ganzes Jahr mit der Mutter Gottes!
vorbereitet von R. Lejeune, 2. Auflage, 128 S.
SFR 10.– DM 12.– öS 90.–

Der Krieg Tag für Tag

Außer den Nachrichten über den Krieg finden wir in diesem Buch lebensvolle Berichte, wirkliche, nirgends veröffentliche «Momentaufnahmen» aus der «heiligen» Geschichte von Medjugorje.
Neben all dem Grauen ist auch von Wunderbarem die Rede. Auf dem Grunde der Hölle erblühen Blumen des Himmels. Angesichts all des Widersinnigen zeigt sich die mütterliche Pädagogik der Gospa strahlender als je zuvor; mitten im Dröhnen der Raketen, der Mut der Armen. Wie sehr haben wir es nötig, daß wir herausgerissen werden aus unserem Koma, das schon so weit forgeschritten ist!
von Sr. Emmanuel, 224 S., 14,5x22 cm
2. Auflage, 10. Tausend
SFR 22.– DM 27.– öS 195.–

Fatima – Medjugorje

Zwei Stationen auf dem Weg der Rettung

Ein Vergleich zwischen den beiden wichtigen Erscheinungen Marias ergibt klar die vielen gemeinsamen Aspekte der beiden Botschaften. von P. Bianchi, 160 Seiten
SFR 16.– DM 19.– öS 140.–

Das Drama von Medjugorje

Dieses Buch berichtet nicht nur den erstaunlichen Phänomen des Wallfahrtsortes Medjugorje in Bosnien-Herzegowina, sondern auch von dem Drama, des vom Kriege heimgesuchten Landes. Dieses Buch weist angesichts des tragischen Krieges auf dem Balkan in spannender Weise den Ursprung dieser unüberwindbaren Feindschaft hin.
von R. Foley, Vorwort von R. Laurentin
152 Seiten
SFR 18.– DM 19.80 öS 150.–

Das Friedensangebot Gottes an die Welt

Intensive Untersuchungen, zahlreiche Interviews mit den Sehern, mit kroatischen Bischöfen, Gespräche mit Bekehrten und Geheilten.
von P. Zimmermann, 272 Seiten, 14,5x22 cm
SFR 22.– DM 27.– öS 195.–

Medjugorje in Bild und Text

Sehr schöner Farb- Bildband über die wichtigsten Ereignisse in Medjugorje.
von M. Held, 72 Seiten
SFR 18.– DM 19.80 öS 150.–

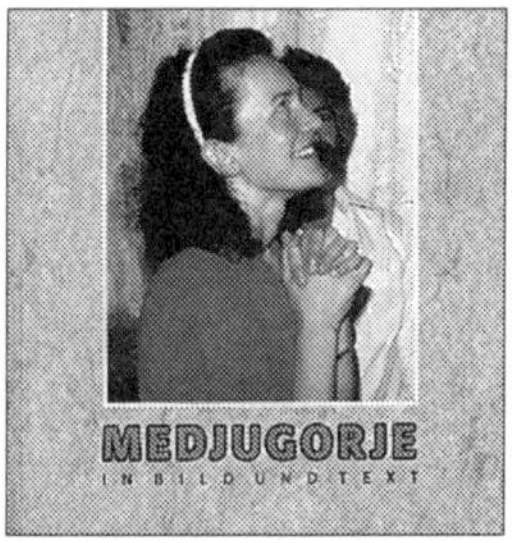

Andere Bücher aus dem Parvis-Verlag

Verlobung — warum?

Antwort an zwei Verliebte

Die Verfasser gehen darin auf rund fünfzig Fragen ein, die sich zwei Verliebten stellen können. Nun wollen sie es, nicht ohne Humor, für alle wiederholen: daß es etwas Besseres gibt als die Liebe «mit Preisnachlaß».

Gestützt auf das Wort Gottes gehen sie klar und unverblümt an die Fragen heran und flechten zahlreiche Zeugnisse von Jugendlichen ein.

Dieses Buch gibt allen Bescheid, die den Sinn der Verlobung wissen möchten. Ebenso richtet es sich an Verlobte, die sich am besten auf die Ehe vorbereiten wollen.

von Philippe und Catherine Timmel
96 Seiten, Format 13x20 cm
SFR 12.– DM 14.– öS 100.–

Jesus und dein Leib

Die Sexualmoral, für Jugendliche erklärt

Diese Broschüre richtet sich an alle Christen, die sich mit den Fragen der Sexualmoral beschäftigen, vor allem aber an die Jugendlichen. Alle präzisen Probleme des sexuellen Lebens werden behandelt. Der Verfasser hat versucht, auf all die ganz konkreten Fragen einzugehen, und schließlich befaßt er sich mit der täglichen Übung der christlichen Keuschheit.

von Mgr. Léonard, Bischof von Namür
98 Seiten, 14,5x21 cm, 2. Auflage, 10. Tausend
SFR 11.– DM 13.– öS 95.–

Zeit für Gott

Führer für das innere Gebet

Für wen ist das innere Gebet? Und wo, wann und wie kann man es praktizieren? Eben diese Fragen finden ihre Antwort in diesem vortrefflichen kleinen Buch, reich an Beispielen und konkretem Rat.

von Pater J. Philippe

128 Seiten *SFR 12.– DM 14.– öS 100.–*

Bleibt in Mir

Ein Weg zum inneren Gebet

Dieses Buch öffnet uns den schmalen Weg zum inneren Gebet. Wir lernen in vielen Zitaten die Erfahrungen des Johannes vom Kreuz, der Teresa von Avila, Gertrud von Helfta und anderer Gottesfreunde kennen, die aus dem inneren Gebet Inspiration und Kraft geschöpft haben. Sr. Marie-Pascale teilt uns eigene Erfahrungen mit. Seine Lehre ist dicht, aber einfach, leicht faßlich für alle und von allen nachvollziehbar.

192 Seiten, Format 13x20 cm

SFR 18.– DM 22.– öS 160.–

Pater Pio aus Pietrelcina

Erinnerungen an einen bevorzugten Zeugen Christi

In dieser ausgezeichneten Biographie beschreibt uns Bruder Arni Decorte besonders Pater Pios geistliche Ausstrahlung. Dieses Buch handelt von wenig bekannten Dingen. Der Leser entdeckt so die Persönlichkeit Paters Pio aus Pietrelcina, und auch die zahllosen Bekehrungen und Heilungen, die auf seine Fürbitte zurückgehen.

von A. DECORTE, 320 Seiten, 13x20 cm

SFR 25.– DM 30.– öS 220.–